高等职业教育"十三五"规划教材

Qiche Fadongji Gouzao yu Weixiu
汽车发动机构造与维修

(第3版)

唐晓丹 主 编

张海龙 袁春华 副主编

人民交通出版社股份有限公司
China Communications Press Co.,Ltd.

内 容 提 要

本书是高等职业教育"十三五"规划教材之一。主要内容包括绪论、发动机总体构造与维修、曲柄连杆机构的构造与维修、配气机构的构造与维修、汽油机电控燃油喷射系统的构造与维修、冷却系统的构造与维修、润滑系统的构造与维修，共7个单元。

本书可作为高等职业院校汽车运用与维修技术专业教学用书，也可作为汽车相关从业人员的参考用书。

图书在版编目(CIP)数据

汽车发动机构造与维修/唐晓丹主编. —3 版. —北京：人民交通出版社股份有限公司,2019.4
ISBN 978-7-114-14859-0

Ⅰ.①汽… Ⅱ.①唐… Ⅲ.①汽车—发动机—构造—高等职业教育—教材②汽车—发动机—车辆修理—高等职业教育—教材 Ⅳ.①U472.43

中国版本图书馆 CIP 数据核字(2019)第 025666 号

书　　名：	汽车发动机构造与维修（第3版）
著 作 者：	唐晓丹
责任编辑：	时　旭
责任校对：	刘　芹
责任印制：	张　凯
出版发行：	人民交通出版社股份有限公司
地　　址：	(100011)北京市朝阳区安定门外外馆斜街3号
网　　址：	http://www.ccpress.com.cn
销售电话：	(010)59757973
总 经 销：	人民交通出版社股份有限公司发行部
经　　销：	各地新华书店
印　　刷：	北京市密东印刷有限公司
开　　本：	787×1092　1/16
印　　张：	13
字　　数：	285 千
版　　次：	2005 年 8 月　第 1 版
	2011 年 1 月　第 2 版
	2019 年 4 月　第 3 版
印　　次：	2019 年 4 月　第 3 版　第 1 次印刷　总第 19 次印刷
书　　号：	ISBN 978-7-114-14859-0
定　　价：	32.00 元

(有印刷、装订质量问题的图书由本公司负责调换)

第3版前言

本书第一版自2005年首次出版以来，获得院校师生的一致好评，并被其选为教学用书；2011年，根据教学需求本书进行了修订，使之在结构和内容上与教学内容更加吻合，更注重对学生实践能力的培养。

为了适应高职汽车类专业课程建设和教学改革的需要，同时不断追赶现代汽车技术和市场的发展步伐，使教材内容随之与时俱进，故启动了本书的修订工作。本次教材的修订，充分吸收了教材使用院校教师的意见和建议，经过编者的认真研究和讨论，确定了修订方案。

本书具体修订内容如下：

(1) 优化全书整体结构。修订后全书内容包括绪论、发动机总体构造与维修、曲柄连杆机构的构造与维修、配气机构的构造与维修、汽油机电控燃油喷射系统的构造与维修、冷却系统的构造与维修、润滑系统的构造与维修，共7个单元。

(2) 删去已经不常用的构件知识内容，如触电式点火系统、分电器、调速器等。

(3) 将原版教材中的老旧车型更换为迈腾、卡罗拉等目前的主流车型。

(4) 纠正原版教材存在的错误。

本书由上海科学技术职业学院唐晓丹担任主编，张海龙、袁春华担任副主编。上海科学技术职业学院汽车维修技能大师工作室及洪永楠大师提供技术支持。

限于编者经历和水平，书中难免有疏漏和错误之处，恳请广大读者提出宝贵建议，以便进一步修改和完善。

编 者
2018年11月

目 录

MULU

单元 1　绪论 ………………………………………………………………… 1
　1.1　汽车定义及分类 ……………………………………………………… 1
　1.2　车辆识别代号（VIN） ………………………………………………… 3
　1.3　汽车的组成和主要技术参数 ………………………………………… 5
　1.4　汽车行驶原理 ………………………………………………………… 7
　复习思考题 ………………………………………………………………… 8
单元 2　发动机总体构造与维修 ………………………………………… 9
　2.1　发动机的结构和工作原理 …………………………………………… 9
　2.2　发动机总成的维修 …………………………………………………… 18
　复习思考题 ………………………………………………………………… 43
单元 3　曲柄连杆机构的构造与维修 …………………………………… 44
　3.1　曲柄连杆机构的结构和工作原理 …………………………………… 44
　3.2　曲柄连杆机构的维修 ………………………………………………… 57
　复习思考题 ………………………………………………………………… 76
单元 4　配气机构的构造与维修 ………………………………………… 77
　4.1　配气机构的结构和工作原理 ………………………………………… 77
　4.2　配气机构的维修 ……………………………………………………… 96
　复习思考题 ………………………………………………………………… 128
单元 5　汽油机电控燃油喷射系统的构造与维修 …………………… 129
　5.1　汽油机电控燃油喷射系统的结构和工作原理 ……………………… 129
　5.2　汽油机电控燃油喷射系统的维修 …………………………………… 151
　复习思考题 ………………………………………………………………… 167
单元 6　冷却系统的构造与维修 ………………………………………… 168
　6.1　冷却系统的结构和工作原理 ………………………………………… 168

6.2　冷却系统的维修 ·· 174
　　　复习思考题 ··· 181
单元 7　润滑系统的构造与维修 ·· 183
　　7.1　润滑系统的结构和工作原理 ···································· 183
　　7.2　润滑系统的维修 ·· 190
　　　复习思考题 ··· 198
参考文献 ··· 199

单元 1 绪 论

1. 掌握汽车定义及分类方法；
2. 了解车辆识别代号(VIN)的意义；
3. 熟悉汽车基本组成和各部分作用；
4. 了解汽车行驶的基本原理。

1. 熟悉各类车型车辆识别代号(VIN)在汽车上所处的位置；
2. 熟练掌握车辆识别代号(VIN)的含义。

1.1 汽车定义及分类

《机动车运行安全技术条件》(GB 7258—2017)中,汽车定义是:由动力驱动、具有四个或四个以上车轮的非轨道承载的车辆,包括与电力线相联的车辆(如无轨电车)。主要用于:①载运人员和/或货物(物品);②牵引载运货物(物品)的车辆或特殊用途的车辆;③专项作业。

汽车还包括以下由动力驱动、非轨道承载的三轮车辆:①整车整备质量超过400kg、不带驾驶室、用于载运货物的三轮车辆;②整车整备质量超过600kg、不带驾驶室、不具有载运货物结构或功能且设计和制造上最多乘坐2人(包括驾驶人)的三轮车辆;③整车整备质量超过600kg的带驾驶室的三轮车辆。

汽车包括载客汽车(乘用车、旅居车、客车、校车)、载货汽车(半挂牵引车、低速汽车)、专项作业车、气体燃料汽车、两用燃料汽车、双燃料汽车、纯电动汽车、插电式混合动力汽车、燃料电池汽车、教练车和残疾人专用汽车。

《汽车和挂车类型的术语和定义》(GB/T 3730.1—2001)将汽车按用途分为乘用车和商用车。

乘用车(图1-1)是指在其设计和技术特性上主要用于载运乘客及其随身行李和/或临时物品的汽车,包括驾驶人座位在内最多不超过9个座位。它也可以牵引一辆挂车。

图1-1　迈腾B8L乘用车

商用车辆是指在设计和技术特性上用于运送人员和货物的汽车,并且可以牵引挂车。乘用车不包括在内。

乘用车和商用车辆的详细分类(按用途)见表1-1。注意:表1-1中给出的前6种乘用车也可俗称轿车。

汽车分类　　　　　　　　　　　　　　　　表1-1

分类		说明			
		车身	车顶	座位数(个)	侧车门数(个)	侧车窗数(个)
乘用车	普通乘用车	封闭	硬顶	≥4	2或4	≥2
	活顶乘用车	可开启	硬顶或软顶	≥4	2或4	≥4
	高级乘用车	封闭	硬顶	≥4	4或6	≥6
	小型乘用车	封闭	硬顶	≥2	2	≥2
	敞篷车	可开启	硬顶或软顶	≥2	2或4	≥2
	仓背乘用车	封闭	硬顶	≥4	2或4	≥2
	旅行车	封闭	硬顶	≥4	2或4	≥4
	多用途乘用车	座位数超过7个,多用途				
	短头乘用车	短头				
	越野乘用车	可在非道路上行驶				
	专用乘用车	专门用途(旅居车、防弹车、救护车、殡仪车等)				
商用车辆	客车	小型客车	载客,≤16座(除驾驶人座)			
		城市客车	城市公共汽车			
		长途客车	长途客车			
		旅游客车	旅游客车			
		铰接客车	由两节刚性车厢铰接组成的客车			
		无轨客车	利用架线由电力驱动的客车			
		越野客车	可在非道路上行驶的客车			
		专用客车	专门用途的客车			

续上表

分类		说明				
		车身	车顶	座位数(个)	侧车门数(个)	侧车窗数(个)
商用车辆	半挂牵引车	用于牵引半挂车的商用车				
	货车 普通货车	敞开或封闭载货空间内载运货物的货车				
	多用途货车	可运载3人以上的货车				
	全挂牵引车	牵引牵杆式挂车的货车				
	越野货车	可在非道路上行驶货车				
	专用作业车	特殊工作的货车(消防车、救险车、垃圾车、应急车、街道清扫车、扫雪车、清洁车等)				
	专用货车	运输特殊物品的货车(罐式车、乘用车运输车、集装箱运输车等)				

1.2 车辆识别代号(VIN)

车辆识别代号(VIN),也称17位编码,是国际上通行的标识机动车辆的代码,是车辆制造厂为该车辆指定的一组字码,一车一码,具有在世界范围内对一辆车的唯一识别性。

一辆出厂的汽车上必须标有VIN。

1) VIN 所在位置

VIN 应位于易于看到并且能防止磨损或替换的部位。迈腾乘用车可通过前风窗上的视窗即可读取VIN(图1-2),该视窗位于风窗玻璃左下侧。此外,车辆右侧悬架支柱和翼子板之间的排水槽上也打印有VIN,打开发动机舱盖方可读取。

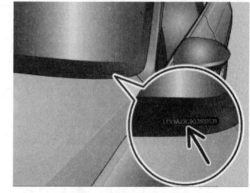

图1-2 迈腾乘用车VIN位置

卡罗拉乘用车 VIN 压印在乘员座椅下方(图1-3),此号码也压印在仪表板左上方(图1-4)。

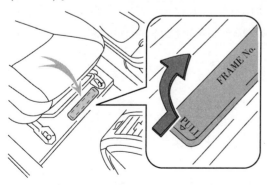

图1-3 卡罗拉乘用车VIN位置(1)

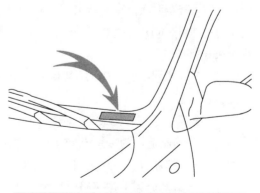

图1-4 卡罗拉乘用车VIN位置(2)

2)VIN 的组成

《道路车辆 车辆识别代号(VIN)》(GB 16735—2004)规定,车辆识别代号(VIN)由世界制造厂识别代号(WMI)、车辆说明部分(VDS)、车辆指示部分(VIS)三部分组成,共 17 位字码,如图 1-5 所示。

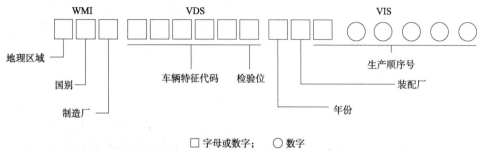

图 1-5 车辆识别代号(VIN)示意图

(1)世界制造厂识别代号(WMI)。WMI 是 VIN 的第一部分,由 3 位字码组成,用以标识车辆的制造厂。当此代号被指定给某个车辆制造厂时,就能作为该厂的识别标志,WMI 在与 VIN 的其余部分一起使用时,足以保证 30 年之内在世界范围内制造的所有车辆的 VIN 具有唯一性。

WMI 的第一位字码是由国际代理机构分配的、用以标明一个地理区域的一个字母或数字字码,国际代理机构已经根据预期的需要为某一个地理区域分配了几个字码。例如:1~5 代表北美,6 和 7 代表大洋洲,8、9 和 0 代表南美,A~H 代表非洲,J~R 代表亚洲,S~Z 代表欧洲。

WMI 的第二位字码是由国际代理机构分配的、用以标明一个特定地区内的一个国家的一个字母或数字字码,国际代理机构已经根据预期的需要为某一个国家分配了几个字码。WMI 应通过第一位和第二位字码的组合保证国家识别标志的唯一性。例如:10~19 美国、1A~1Z 美国、W0~W9 德国、WA~WZ 德国、L0~L9 中国、LA~LZ 中国等。

WMI 的第三位字码是由国家机构指定的、用以标明某个特定的制造厂的一个字母或数字字码,WMI 应通过第一位、第二位、第三位字码的组合保证制造厂识别标志的唯一性。例如:LFV——一汽-大众汽车有限公司、LSG——上海通用汽车有限公司、JHM——日本本田技研工业股份有限公司、WDB——德国戴姆勒-奔驰公司、WBA——德国宝马汽车公司、KMH——韩国现代汽车公司等。

(2)车辆说明部分(VDS)。VDS 是 VIN 的第二部分,由 6 位字码组成,用以说明车辆的一般特征信息。

(3)车辆指示部分(VIS)。VIS 是 VIN 的最后部分,由 8 位字码组成,其最后 4 位字码应是数字。车辆制造厂为区别不同车辆而指定的一组代码,这组代码连同 VDS 一起,足以保证每个车辆制造厂在 30 年之内生产的每辆车辆的车辆识别代号具有唯一性。

车辆指示部分第 1 位字码应代表车辆生产年份,用阿拉伯数字 1~9 和大写的罗马字母 A~Z(不包括字母 I、O、Q、U、Z)表示,30 年循环一次。2018 年代码为 J,2019 年代码为

K……以此类推。VIS 的第 2 位字码应代表装配厂,若无装配厂,制造厂可规定其他内容。VIS 的第 3~8 位字码用来表示生产顺序号。

3) 汽车 VIN 举例说明

一汽-大众汽车有限公司生产的车型 VIN 说明见表 1-2。

表 1-2 一汽-大众汽车有限公司生产的车型 VIN

位 置	说 明
1~3	世界制造厂识别代号,一汽-大众汽车有限公司为 LFV
4	发动机排量
5	车身类型
6	发动机/变速器类型
7~8	车型代码
9	检验位
10	生产年份
11	装配厂
12~17	生产顺序号

1.3 汽车的组成和主要技术参数

1) 汽车的组成

汽车通常由发动机、底盘、车身、电气设备 4 部分组成。汽车总体构造如图 1-6 所示。

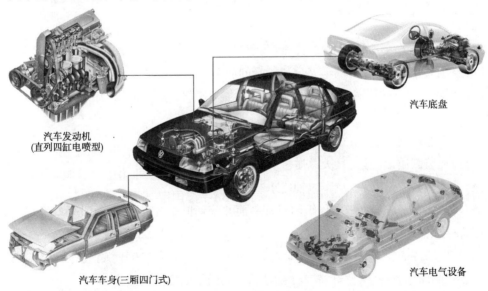

图 1-6 汽车的总体构造

(1) 发动机。发动机是汽车的动力源,其功用是使供入其中的燃料燃烧而发出动力。一般汽车发动机主要采用的是往复活塞式内燃机,它一般由曲柄连杆机构、配气机构、燃料供给系统、冷却系统、润滑系统、点火系统(汽油发动机采用,柴油机没有)和起动系统等组成。

(2)底盘。底盘的功用是支承、安装汽车发动机及其各部件、总成,形成汽车的整体造型,并接受发动机的动力,使汽车产生运动,保证正常行驶。底盘由传动系统、行驶系统、转向系统和制动系统组成。

(3)电气设备。电气设备包括电源组(蓄电池、发电机和调节器)、发动机起动系统和点火系统(汽油机)、声光系统、仪表装置、刮水与洗涤系统、空调系统以及音响、安全气囊等。在现代汽车上,汽车电子化、智能化的程度也越来越高。现代汽车电子控制已从单一项目的控制,发展到多项内容复合的集中控制,逐渐形成一个整车电子控制。

(4)车身。车身是驾驶人工作的场所,也是装载乘客和货物的场所。汽车车身不仅要为驾驶人提供方便的操作条件、为乘客提供舒适安全的环境或保证货物完好无损,还要求其外形精致,给人以美的享受。

2)汽车主要技术参数

为了说明汽车的主要技术性能,经常用下列参数来表示,如图1-7所示。

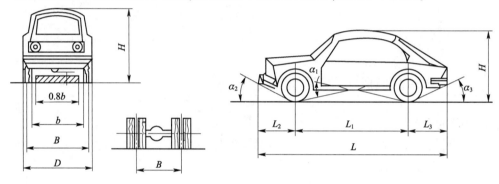

图1-7 汽车常用主要技术参数

(1)整车装备质量(kg):汽车完全装备好的质量是指完整的发动机、底盘、车身、全部电气设备和车辆正常行驶所需要的辅助设备(包括加足燃料、润滑油及冷却液,随车工具等)的质量之和。

(2)最大总质量(kg):汽车满载时的质量。

(3)最大装载质量(kg):最大总质量和整车装备质量之差。

(4)最大轴载质量(kg):汽车单轴所承载的最大总质量。

(5)车长 L(mm):垂直于车辆纵向对称平面并分别抵靠在汽车前、后最外端突出部位的两垂直面间的距离。

(6)车宽 D(mm):平行于车辆纵向对称平面并分别抵靠车辆两侧最外固定突出部位(除后视镜、侧面标志灯、示宽灯、转向指示灯等)的两平面之间的距离。

(7)车高 H(mm):车辆最高点与车辆支撑平面之间的距离。

(8)轴距 L_1(mm):汽车前后轴中心线的水平距离。

(9)轮距 B(mm):在支撑平面上,同轴左右车轮两轨迹中心间的距离(轴两端为双轮时,为左右两条双轨迹的中间的距离)。

(10)前悬 L_2(mm):在直线行驶位置时,汽车前端刚性固定件的最前点到通过两前轮轴线的垂面间的距离。

(11)后悬 L_3(mm):汽车后端刚性固定件的最后点到通过最后车轮轴线的垂面间的距离。

(12)最小离地间隙(mm):满载时,车辆支撑平面与车辆最低点之间的距离。

(13)纵向通过角 α_1(°):汽车空载、静止时,在汽车侧视图上分别通过前、后车轮外缘做切线交于车体下部较低部位所形成的最小锐角。

(14)接近角 α_2(°):汽车前端突出点向前轮引的切线与地面的夹角。

(15)离去角 α_3(°):汽车后端突出点向后轮引的切线与地面的夹角。

(16)转弯直径(mm):转向盘转到极限位置,外侧转向轮的中心平面在车辆支撑面上的轨迹圆直径。

(17)最高车速(km/h):汽车在平坦公路上行驶时能达到的最高速度。

(18)最大爬坡度(%):汽车满载时的最大爬坡能力。

(19)平均燃料消耗量(L/100km):汽车在公路上行驶时平均的燃料消耗量。

1.4 汽车行驶原理

1)汽车行驶阻力

要想使汽车行驶,必须对汽车施加一个驱动力以克服各种阻力。汽车行驶阻力包括滚动阻力、空气阻力、上坡阻力和加速阻力。

(1)滚动阻力 F_f。车轮滚动时,轮胎与地面的接触区域会产生轮胎与支撑路面的变形(当弹性轮胎在硬路面上滚动时,轮胎的变形是主要的),由此而引起的地面对轮胎的阻力,就是滚动阻力。滚动阻力等于滚动阻力系数与车轮负荷的乘积。滚动阻力系数由试验确定。滚动阻力系数与路面性质、汽车行驶速度以及轮胎的构造、材料、气压等有关。

(2)空气阻力 F_w。汽车直线行驶时受到的空气作用在行驶方向上的分力称为空气阻力。空气阻力与汽车的形状、汽车正面投影面积有关,特别是与汽车和空气的相对速度的平方成正比。当汽车高速行驶时,空气阻力的数值将显著增加。

(3)上坡阻力 F_i。当汽车上坡时,汽车重力沿坡道的分力表现为汽车上坡阻力。

(4)加速阻力 F_j。汽车加速行驶时,需要克服其质量加速运动的惯性力,也就是加速阻力。

2)汽车的驱动力

为克服汽车行驶阻力,汽车必须有足够的驱动力。汽车驱动力的产生原理如图1-8所示。发动机经由传动系统在驱动轮上施加一个驱动力矩 M_t,力图使驱动轮旋转。在 M_t 作用下,在驱动轮和路面接触处对路面施加一个圆周力 F_0,其方向与汽车行驶方向相反,大小为

$$F_0 = \frac{M_t}{R}$$

式中:F_0——对路面施加的圆周力,N;

M_t——驱动力矩,N·m;

R——驱动车轮的滚动半径,m。

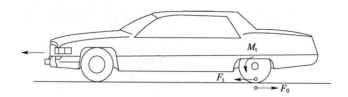

图 1-8　汽车驱动力的产生原理

由于车轮与路面的附着作用,在车轮向路面施加力 F_0 的同时,路面会对车轮施加一个大小相等、方向相反的反作用力 F_t,F_t 就是汽车行驶的驱动力(又称汽车牵引力)。

3) 驱动力与行驶阻力的关系

当驱动力逐渐增大到足以克服汽车所受到的阻力时,汽车便开始起步行驶。汽车起步后,其行驶情况取决于驱动力和行驶阻力之间的关系。当驱动力等于行驶阻力时,汽车将匀速行驶;当驱动力大于行驶阻力时,汽车将加速行驶;当驱动力小于行驶阻力时,汽车将减速行驶或静止不动。

但是汽车并不是在任何情况下都能产生足够的驱动力。驱动力的最大值固然取决于发动机的最大转矩和传动系统的传动比,但实际发出的驱动力还要受到轮胎与路面附着作用的限制。由附着作用所决定的阻碍驱动车轮打滑的路面反力的最大值称为附着力,用 F_φ 表示。附着力与驱动车轮所承受垂直于地面的法向力 G 成正比,即

$$F_\varphi = \varphi G$$

式中:φ ——附着系数(其数值与轮胎的类型及地面的性质有关);

G ——汽车总重力 G_0 分配到驱动车轮上的那部分重力。

由此可见,附着力限制了驱动力的发挥,即

$$F_t \leqslant F_\varphi = \varphi G$$

在冰雪、泥泞等不良路面上行驶时,因 φ 值很小,附着力很小,汽车的驱动力受到附着力的限制而不能克服较大的行驶阻力,导致汽车减速甚至不能前进。此时,即使加大节气门开度或换入低速挡,车轮也只会滑转而驱动力仍不能增大。因此,普通载货汽车在冰雪路面上行驶时,往往在驱动轮上绕装防滑链,以增大附着系数和附着力。全轮驱动的越野汽车为了提高附着系数,采用特殊花纹轮胎、镶钉轮胎等。另外,普通载货汽车的附着力只是分配到驱动轮上的那部分汽车重力;而全轮驱动的越野汽车,其附着力则是全车的总重力,因而其附着力比普通载货汽车显著增大。

复习思考题

1. 汽车的定义是什么?
2. 汽车按用途分为哪几类?各类特点是什么?
3. 车辆识别代号(VIN)由哪几部分组成?各部分含义是什么?
4. 汽车由哪几部分组成?各部分主要作用是什么?
5. 简述汽车行驶基本原理。

单元 2 发动机总体构造与维修

知识目标

1. 掌握发动机的概念及作用；
2. 掌握单缸发动机结构及常用术语；
3. 掌握发动机的基本工作原理；
4. 熟悉发动机的总体构造；
5. 了解发动机的主要性能指标与特性。

能力目标

1. 了解发动机总成的拆装方法；
2. 掌握发动机总成的检查方法。

2.1 发动机的结构和工作原理

2.1.1 发动机的作用

发动机是将某种形式的能量转换为机械能的机器。

汽车用发动机如图2-1所示。发动机是汽车的核心部件，是汽车的动力源。汽车发动机一般是将液体燃料或气体燃料和空气混合后直接输入机器内部燃烧产生热能，热能再转变为机械能，因此又称内燃机。现代汽车用发动机应用最广、数量最多的是水冷式四冲程往复活塞式内燃机。常见的车用发动机有汽油发动机和柴油发动机两种。

图 2-1　迈腾 B8L 乘用车 TSI 发动机

2.1.2　单缸发动机的结构及常用术语

单缸四冲程汽油机的基本结构如图 2-2 所示,单缸四冲程柴油机的基本结构如图 2-3 所示。汽缸体内圆柱形腔体称为汽缸,内装有活塞,活塞通过活塞销、连杆与曲轴相连接。活塞在汽缸内作往复直线运动,通过连杆推动曲轴作旋转运动。在汽缸盖上装有进排气门,通过凸轮轴控制进排气门开启和关闭,实现向汽缸内充入新鲜可燃混合气并将燃烧后的废气排出汽缸。

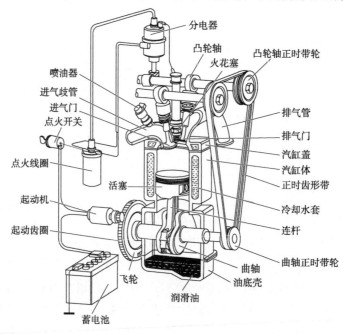

图 2-2　单缸四冲程汽油机结构示意图

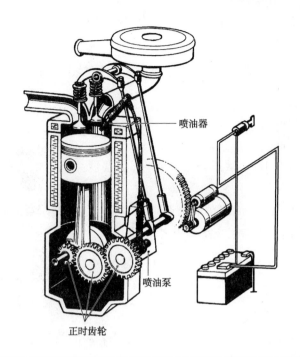

图 2-3 单缸四冲程柴油机结构示意图

发动机示意图如图 2-4 所示。

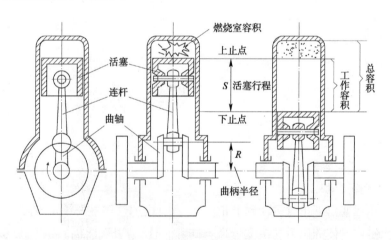

图 2-4 发动机示意图

发动机的基本术语如下：

(1) 上止点。上止点是指活塞离曲轴回转中心最远处，即活塞的最高位置。

(2) 下止点。下止点是指活塞离曲轴回转中心最近处，即活塞的最低位置。

(3) 活塞行程 S。上止点与下止点之间的距离称为活塞行程。

(4) 曲柄半径 R。曲轴与连杆下端的连接中心至曲轴中心的距离（即曲轴的回转半径）称为曲柄半径。活塞行程为曲柄半径的 2 倍，即 $S=2R$。

(5)汽缸工作容积 V_h(L)。活塞从一个止点运动到另一个止点所扫过的容积称为汽缸工作容积或汽缸排量,即

$$V_h = \frac{\pi D^2 S}{4} \times 10^{-6}$$

式中:D——汽缸直径,mm;
　　　S——活塞行程,mm。

(6)燃烧室容积 V_c(L)。活塞在上止点时,活塞顶与汽缸盖之间的容积称为燃烧室容积。

(7)汽缸总容积 V_a(L)。活塞在下止点时,活塞顶上方的容积称为汽缸总容积。显然,汽缸总容积是汽缸工作容积与燃烧室容积之和,即

$$V_a = V_c + V_h$$

式中:V_c——燃烧室容积,L;
　　　V_h——汽缸工作容积,L。

(8)发动机排量 V_L(L)。多缸发动机各汽缸工作容积的总和称为发动机排量。即

$$V_L = V_h i = \frac{\pi D^2 S i}{4} \times 10^{-6}$$

式中:V_h——汽缸工作容积,L;
　　　i——汽缸数目。

(9)压缩比 ε。汽缸总容积与燃烧室容积之比称为压缩比,即

$$\varepsilon = \frac{V_a}{V_c} = \frac{V_h + V_c}{V_c} = 1 + \frac{V_h}{V_c}$$

式中:V_a——汽缸总容积,L;
　　　V_h——汽缸工作容积,L;
　　　V_c——燃烧室容积,L。

压缩比表示活塞由下止点运动到上止点时,汽缸内的气体被压缩的程度。压缩比越大,压缩终了时汽缸内气体的压力和温度越高。目前,一般车用汽油机的压缩比为 6~11,柴油机的压缩比一般为 16~22。

(10)工作循环。在汽缸内进行的每一次将燃料燃烧的热能转变成机械能的一系列连续过程(进气、压缩、做功、排气)称为发动机的一个工作循环。

2.1.3　发动机的基本工作原理

1)四冲程汽油机的工作原理

四冲程汽油机每一个工作循环包括4个活塞行程,即进气行程、压缩行程、做功行程和排气行程,如图2-5所示。

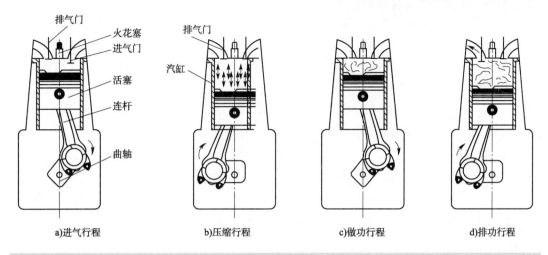

a) 进气行程　　b) 压缩行程　　c) 做功行程　　d) 排功行程

图 2-5　四冲程汽油机工作原理示意图

(1) 进气行程。进气行程中,活塞在曲轴和连杆的带动下由上止点向下止点运行,这时进气门开启,排气门关闭。在活塞由上止点向下止点运动过程中,由于活塞上方汽缸容积逐渐增大,形成一定的真空。这样,可燃混合气通过进气歧管、进气门被吸入汽缸。当活塞到达下止点时,进气门关闭,停止进气。由于进气系统有阻力,进气终了时汽缸内的气体压力略低于大气压力,为 0.075～0.090MPa。由于汽缸壁、活塞等高温机件及上一循环残留的高温残余废气的加热,气体的温度上升到 370～403K。

(2) 压缩行程。压缩行程中,活塞在曲轴和连杆的带动下由下止点向上止点运动,此时进、排气门处于关闭状态。由于活塞上方汽缸容积逐渐减小,进入汽缸内的可燃混合气被压缩,温度和压力不断升高,直到活塞到达上止点时,此时,可燃混合气被压缩到活塞上方的很小空间,即燃烧室中。压缩终了时,可燃混合气压力为 0.8～2.0MPa,可燃混合气的温度为 600～750K。

压缩终了时,可燃混合气的压力和温度取决于压缩比。压缩比越大,燃烧速度越快,因此,发动机发出的功率越大,经济性越好。但压缩比过大时,不仅不能进一步改善燃烧,反而会出现爆燃和表面点火等不正常燃烧现象。

爆燃是由于气体压力和温度过高,在燃烧室内离点火中心较远及具有高温处(如排气门头部、火花塞电极和积炭处)可燃混合气自燃而造成的一种不正常燃烧。爆燃时,火焰以极高的速率向外传播,由于温度和压力急剧升高,形成压力波,以声速向外推进。这种压力波撞击燃烧室壁时便发出尖锐的敲击声。爆燃还会引起发动机过热、功率下降、工作不稳定、燃油消耗率增加等一系列不良后果。严重时会造成气门烧毁、轴承破裂、火花塞绝缘体击穿等机件损坏现象。

表面点火是由于燃烧室内炽热表面与炽热处(如排气门头部、火花塞绝缘体、零件表面炽热的沉积物等)点燃混合气的现象。表面点火发生时,会伴有沉闷的金属敲击声音,所产生的高压会使发动机机件负荷增加,活塞和连杆损坏及气门、火花塞、活塞等零件过热将导致发动机寿命降低。

(3) 做功行程。做功行程中,活塞运动到接近压缩行程上止点附近时,火花塞跳火点燃汽缸内的可燃混合气。这时由于进气门和排气门均处于关闭状态,使缸内气体温度和压力同时升高,高温高压的气体膨胀,推动活塞由上止点向下止点运动,并通过连杆带动曲轴旋转输出机械能,直到活塞到达下止点时,做功行程结束。做功行程中,瞬时最高压力可达3.0~6.5MPa,瞬时最高温度可达2200~2800K。做功行程终了时,由于活塞下移,汽缸内容积增加,气体压力和温度都在降低,压力降低到0.3~0.5MPa,温度则降到1300~1600K。

（4）排气行程。在做功行程结束后,汽缸内的可燃混合气通过燃烧转变为废气。此时排气门开启,进气门处于关闭状态,活塞在曲轴和连杆的带动下由下止点向上止点运动,汽缸内的废气经排气门排出,直到活塞到达上止点时,排气行程结束。由于排气系统存在排气阻力,所以在排气终了时,汽缸内压力稍高于大气压力,为0.105~0.120MPa,废气温度为900~1100K。

因燃烧室占有一定容积,故排气终了时,不可能将废气全部排尽,留下的这一部分废气称为残余废气。

排气行程结束后,进气门再次开启,又开始下一个工作循环。如此周而复始,发动机就连续运转。发动机工作时,需要连续不断地进行循环,在每个循环中都是依次完成进气、压缩、做功、排气4个活塞行程。

2）四冲程柴油机的工作原理

四冲程柴油机工作原理如图2-6所示。与四冲程汽油机一样,四冲程柴油机每个工作循环也是由进气、压缩、做功和排气4个活塞行程组成。但由于柴油和汽油使用性能的不同,柴油机在可燃混合气的形成方式、着火方式等方面与汽油机有着较大的区别。这里主要介绍四冲程柴油机与四冲程汽油机工作原理的不同之处。

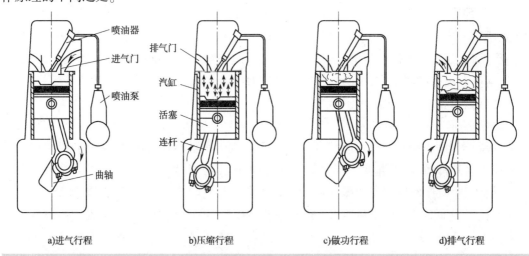

图2-6　四冲程柴油机工作原理示意图

（1）进气行程。柴油机在进气行程中进入汽缸的是纯空气,而不是可燃混合气。

（2）压缩行程。柴油机在压缩行程中压缩的是进气行程进入汽缸内的纯空气。由于柴油机压缩比高,压缩终了时缸内气体的温度和压力均高于汽油机,汽缸内空气压力为3.0~5.0MPa,温度为750~1000K。

(3) 做功行程。柴油机做功行程与汽油机有很大区别。在压缩行程接近上止点时,喷油泵泵出的高压柴油经喷油器呈雾状喷入汽缸内的高温空气中,柴油迅速吸热、蒸发、扩散与空气混合形成可燃混合气。由于此时汽缸内的温度远高于柴油的自燃温度(500K 左右),形成的可燃混合气自行着火燃烧,随后的一段时间内边喷油、边混合、边燃烧,汽缸内气压急剧上升到 6~9MPa,温度也升至 2000~2500K。在高压气体推动下,活塞向下运动并带动曲轴旋转而做功。

(4) 排气行程。与汽油机的排气行程基本相同。

与汽油机相比,柴油机压缩比高,燃油消耗率平均比汽油机低 30% 左右,故燃油经济性较好,环保性也较好,且柴油机没有点火系统的故障。但柴油机转速低、质量大、制造和维修费用高。柴油机的这些缺点已逐渐得到克服,其应用越来越广。

3) 工作循环的特点

由上述单缸四冲程汽油机和单缸四冲程柴油机的工作原理可知,四冲程发动机工作循环具有以下特点:

(1) 每完成一个工作循环曲轴旋转 2 圈(720°),每一行程曲轴旋转半圈(180°)。进气行程中进气门开启,排气门关闭;排气行程中排气门开启,进气门关闭;其余两个行程进、排气门均关闭。

(2) 在 4 个活塞行程中,只有做功行程产生动力,其余 3 个活塞行程则是为做功行程作准备的辅助行程,都要消耗动力。虽然做功行程是主要的,但其他 3 个行程也是必不可少的。

(3) 发动机起动时(第一个工作循环),必须借助外力带动曲轴旋转以完成进气、压缩行程,在混合气着火做功行程开始后,依靠曲轴和飞轮储存的能量,使发动机转入正常运转状态。

4) 多缸四冲程发动机的工作原理

单缸四冲程发动机每个工作循环所经历的 4 个活塞行程中,只有做功行程为有效行程,其他 3 个行程为消耗机械功的辅助行程。这样,发动机曲轴在做功行程中的转速快,在其他行程中转速慢。所以,一个工作循环中曲轴的转速是不均匀的。为了保证发动机运转平稳,现代汽车发动机都采用多缸四冲程发动机,应用最多的是四缸、六缸和八缸发动机。

多缸四冲程发动机每个汽缸所经历的工作循环与单缸四冲程发动机相同,但各缸的做功行程并非同时进行,而是按一定顺序进行。因此,对多缸四冲程发动机来说,曲轴每转两周,各缸分别做功一次,且各缸做功间隔角(以曲轴转角表示)保持一致。对于缸数为 i 的四冲程直列式发动机而言,做功间隔角为 $720°/i$。汽缸数越多,发动机工作越平稳,但结构也越复杂。

2.1.4 发动机的总体构造

汽油发动机通常由两大机构、五大系统组成,而柴油机由两大机构、四大系统组成。两大机构是指曲柄连杆机构和配气机构;五大系统系是指燃料供给系统、冷却系统、润滑系统、点火系统(柴油机无此系统)和起动系统。下面以凯越(1.6L)乘用车汽油发动机(图 2-7 和图 2-8)为例,介绍四冲程汽油发动机的构造。

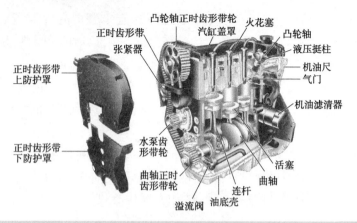

图 2-7 凯越(1.6L)乘用车汽油发动机纵剖图

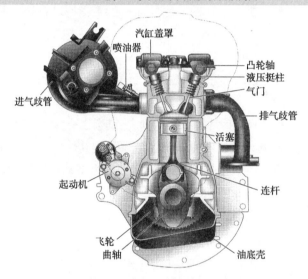

图 2-8 凯越(1.6L)乘用车汽油发动机横剖图

(1)曲柄连杆机构。曲柄连杆机构是发动机借以产生动力,并将活塞的往复直线运动转变为曲轴的旋转运动而输出动力的机构。

曲柄连杆机构主要由汽缸体、汽缸盖、活塞、连杆、曲轴和飞轮等组成。

(2)配气机构。配气机构的功用是根据发动机的工作需要,适时地打开进气门或排气门,使可燃混合气及时地充入汽缸,或使废气及时地从汽缸内排出;而在发动机不需要进气或排气时,则利用气门将进气通道或排气通道关闭,以保持汽缸密封。

配气机构主要由气门、气门弹簧、液压挺柱、凸轮轴、正时齿形带轮等组成。

(3)燃料供给系统。汽油机燃料供给系统的功用是向汽缸内供给已配好的可燃混合气(缸内喷射式发动机为空气),并控制进入汽缸内的可燃混合气的数量,以调节发动机的输出功率,最后将燃烧后的废气排出汽缸。

汽油机的燃料供给系统由燃油箱、燃油滤清器、燃油泵、节气门体、喷油器、空气滤清器、进排气歧管和排气消声器等组成。

(4) 点火系统。汽油机点火系统的功用是按一定时刻向汽缸内提供电火花，及时地点燃汽缸中被压缩的可燃混合气。

点火系统通常由电源(蓄电池和发电机)、点火开关、点火线圈、火花塞等组成。

(5) 冷却系统。冷却系统的功用是利用冷却介质冷却高温零件，并通过散热器将热量散发到大气中去，以保证发动机正常工作。

水冷式冷却系统通常由水泵、散热器、风扇、节温器、水套等组成。

(6) 润滑系统。润滑系统的功用是将清洁的润滑油分送至各个摩擦表面，以减小摩擦和磨损，并清洗、冷却摩擦表面，从而延长发动机的使用寿命。

润滑系统一般由机油泵、机油滤清器、集滤器、限压阀、润滑油道、油底壳等组成。

(7) 起动系统。起动系统的功用是带动飞轮旋转以获得必要的动能和起动转速，使静止的发动机起动并转入自行运转状态。

起动系统包括起动机及其附属装置。

2.1.5 发动机的主要性能指标与特性

1) 发动机的主要性能指标

发动机的主要性能指标有动力性指标(有效转矩和有效功率)和经济性指标(燃油消耗率)。

(1) 有效转矩。发动机通过飞轮对外输出的转矩称为有效转矩，以 T_e 表示。有效转矩与外界施加于发动机曲轴上的阻力矩相平衡。

(2) 有效功率。发动机通过飞轮对外输出的功率称为发动机的有效功率，用 P_e 表示，它等于有效转矩与曲轴转速的乘积，即

$$P_e = T_e \frac{n}{9550} (\text{kW})$$

式中：T_e——有效转矩，N·m；
n——曲轴转速，r/min。

(3) 燃油消耗率。发动机每发出 1kW 有效功率，在 1h 内所消耗的燃油量(以 g 为单位)，称为燃油消耗率，用 g_e 表示。很明显，燃油消耗率越低，经济性越好。

2) 发动机特性

发动机的性能是随着许多因素而变化的，其变化规律称为发动机特性。

(1) 发动机转速特性。发动机转速特性系指发动机的有效功率 P_e、有效转矩 T_e 和燃油消耗率 g_e 三者随曲轴转速 n 变化的规律。当节气门开到最大时，所得到的是总功率特性，也称为发动机外特性(图 2-9)，它代表了发动机所具有的最高动力性能。而把在节气门其他开度情况下得到的特性称为部分特性。

由图 2-9 中可以看出，当曲轴转速为 n_2 时，发动机发出最大有效转矩 T_e。当转速达到 n_3 时，有效功率 P_e 达最大值。发动机最小燃油消耗率 g_e 的相应转速为 n_5，它的数值一般是介于最大转矩时转速和最大功率时转速之间。

要根据汽车实际工作情况来选择合适的发动机转速 n。如超车时一般选择发动机有效功率 P_e 最大值所对应的发动机转速，爬陡坡时选择发动机最大转矩 T_e 所对应的发动机转

速,而一般情况下尽量选择最小燃油消耗率 g_e 所对应的发动机转速,以提高燃油经济性。

(2)发动机工作状况。发动机工作状况(简称发动机工况)一般是用它的功率与曲轴转速来表征,有时也可用负荷与曲轴转速来表征。

发动机在某一转速之下的负荷就是当时发动机发出的功率与同一转速下所可能发出的最大功率之比,以百分数表示。

图 2-10 表示某发动机的一组特性曲线,其中, I 表示相应于节气门全开时的外特性曲线, II、III 分别表示节气门保持在开度依次减小的部分特性。

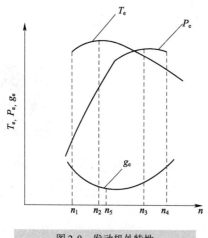

图 2-9　发动机外特性

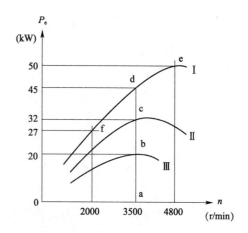

图 2-10　发动机的外特性曲线

由图 2-10 得知,在 n = 3500r/min 时,若节气门全开,可得到该转速下所可能发出的最大功率 45kW。但如果不全开而开到 II 或 III 的位置,则同样的转速下只能发出 32kW 或 20kW。根据上述定义,可求出 a、b、c 和 d 这 4 个工况下的负荷值。

工况 a:负荷为零(称为发动机空转工况);

工况 b:负荷 = 20/45 × 100% = 44.4%;

工况 c:负荷 = 32/45 × 100% = 71.1%;

工况 d:负荷 = 45/45 × 100% = 100%(即发动机全负荷)。

应当注意的是,不要把负荷和功率的概念相混淆。如某一转速时,全负荷(如 d 点)并不意味是发动机的最大功率。发动机的最大功率,应是工况 e 点的功率。又如在工况 f 点,虽然功率比工况 c 点时小,但却是全负荷。就是说,功率大小并不代表负荷的大小。

此外,在外特性曲线上,各点都表示在各转速下的全负荷工况,但在同一部分特性曲线上,各点的负荷值却并不相同。在同一转速下,节气门开度越大表示负荷越大,但两者并不成比例。

2.2　发动机总成的维修

本单元以卡罗拉(1.6L)乘用车发动机总成的维修为例进行说明。

卡罗拉(1.6L)乘用车发动机总成相关部件分解图如图 2-11 ~ 图 2-18 所示。

单元 2　发动机总体构造与维修

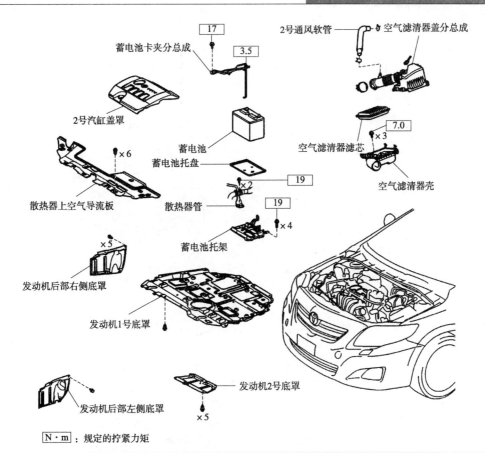

图 2-11　拆装发动机总成相关部件分解图（1）

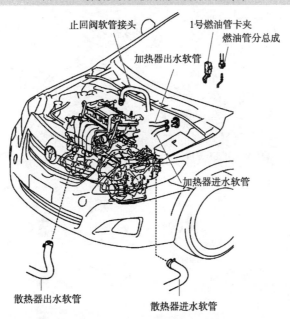

图 2-12　拆装发动机总成相关部件分解图（2）

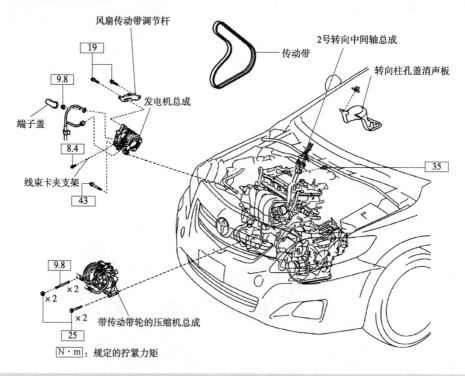

图2-13　拆装发动机总成相关部件分解图(3)

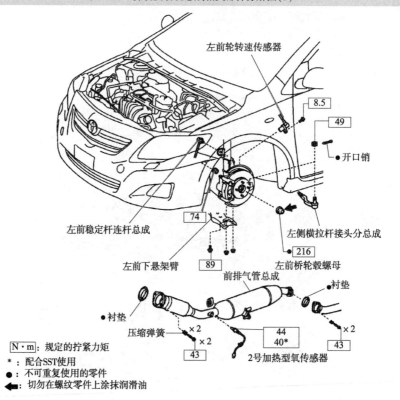

图2-14　拆装发动机总成相关部件分解图(4)

单元2　发动机总体构造与维修

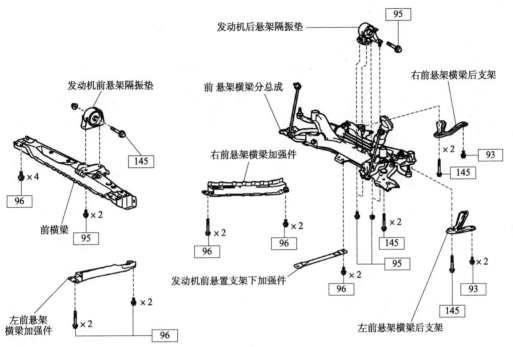

图 2-15　拆装发动机总成相关部件分解图(5)

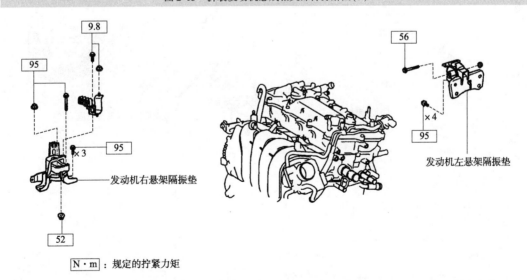

图 2-16　拆装发动机总成相关部件分解图(6)

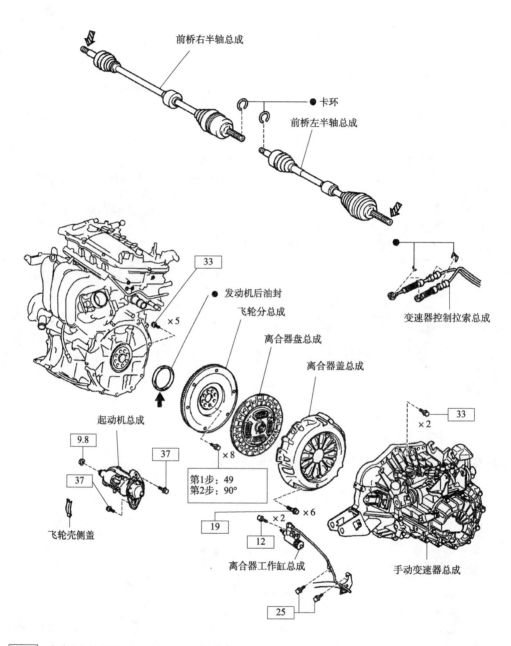

图2-17 拆装发动机总成相关部件分解图(7)(C50手动变速器车型)

单元 2　发动机总体构造与维修

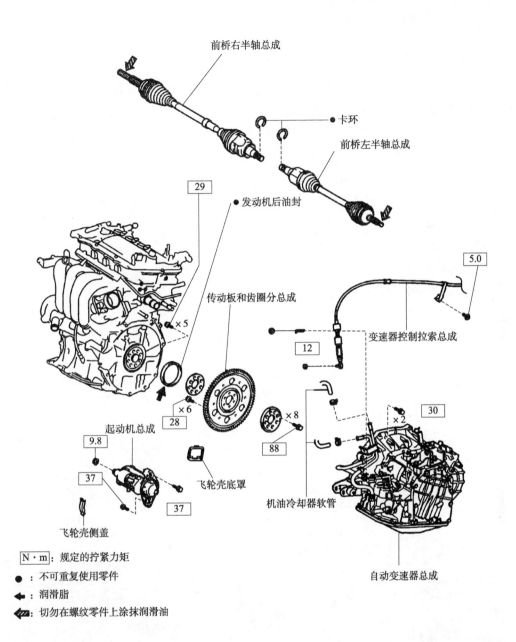

图 2-18　拆装发动机总成相关部件分解图(8)(U340E 自动变速器车型)

2.2.1　发动机总成的拆装

1)发动机总成的拆卸

(1)燃油系统卸压。注意:拆下任何燃油系统零件之前,执行下列程序以防止燃油溅出。即使执行下列程序之后,压力仍保留在燃油管路内。断开燃油管路时,用棉丝抹布或一块布盖住,以防燃油喷出或涌出。

①拆下后排座椅坐垫总成。
②拆下后地板检修孔盖。
③如图2-19所示,从燃油泵总成上断开连接器。
④起动发动机。在发动机自然停止后,将点火开关置于OFF位置。注意:在等待发动机自然停止时,不要提高发动机转速或行驶车辆。
⑤再次起动发动机,确认发动机不能起动。
⑥拆下加油口盖并释放燃油箱中的压力。
⑦从蓄电池负极端子上断开电缆。
⑧连接燃油泵总成连接器。
(2)定位前轮,使其面向正前位置。
(3)拆卸前轮。
(4)拆卸发动机后部左侧底罩。
(5)拆卸发动机后部右侧底罩。
(6)拆卸发动机1号底罩。
(7)拆卸发动机2号底罩。
(8)排空发动机冷却液。
①如图2-20所示,松开散热器放水螺塞。注意:将冷却液收集到容器中,根据所在地区的法规进行报废处理。

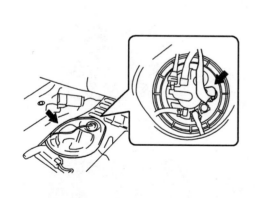

图2-19 发动机总成的拆卸(1)

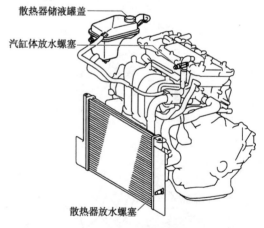

图2-20 发动机总成的拆卸(2)

②拆下散热器储液罐盖。注意:在发动机和散热器还没有冷却下来时,不要拆下散热器储液罐盖。加压的热发动机冷却液和蒸气可能会释放出来并导致严重烫伤。
③松开汽缸体放水螺塞,放出冷却液。注意:螺塞在排气歧管侧的发电机后面。
(9)排空手动变速器油(手动变速器车型)。
①拆下注油螺塞和衬垫。
②拆下放油螺塞和衬垫,排净手动变速器油。

(10)排空自动变速器油(自动变速器车型)。

①拆下放油螺塞和衬垫,并排空自动变速器油。

②安装衬垫和放油螺塞,拧紧力矩:49N·m。

(11)拆卸散热器上空气导流板。

(12)拆卸2号汽缸盖罩。如图2-21所示,握住罩的后端并提起,以脱开罩后端的2个卡子。继续提起罩,以脱开罩前端的2个卡子并拆下罩。注意:同时脱开前后卡子可能会使组盖破裂。

(13)拆卸空气滤清器盖分总成。

①如图2-22所示,断开空气流量计连接器,断开2个卡夹。

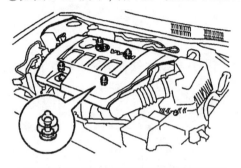

图2-21 发动机总成的拆卸(3)　　图2-22 发动机总成的拆卸(4)

②如图2-23所示,断开箍带和通风软管,并拆下空气滤清器盖分总成。

(14)拆卸空气滤清器壳。

①将空气滤清器滤芯从空气滤清器上分离。

②如图2-24所示,从空气滤清器壳上拆下3个螺栓。

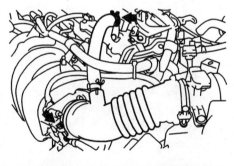 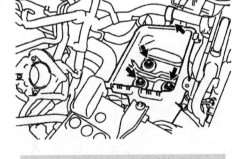

图2-23 发动机总成的拆卸(5)　　图2-24 发动机总成的拆卸(6)

(15)拆卸蓄电池。断开蓄电池端子,拆下螺栓并松开螺母,拆下蓄电池。注意:断开电缆时,重新连接电缆后需要对某些系统进行初始化。

(16)拆卸蓄电池托架。

①如图2-25所示,从蓄电池托架上分离2个线束卡夹。

②如图2-26所示,拆下2个螺栓。

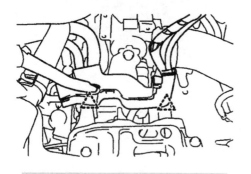

图2-25　发动机总成的拆卸(7)　　　　图2-26　发动机总成的拆卸(8)

③从蓄电池托架上分离散热器管。

④拆下4个螺栓和蓄电池托架。

(17) 分离散热器进水软管。如图2-27所示,将散热器进水软管从汽缸盖上分离。

(18) 分离散热器出水软管。如图2-28所示,将散热器出水软管从进水软管上分离。

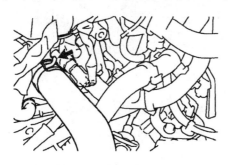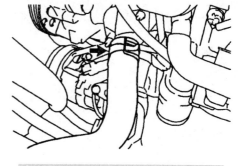

图2-27　发动机总成的拆卸(9)　　　　图2-28　发动机总成的拆卸(10)

(19) 断开变速器控制拉索总成(手动变速器车型)。如图2-29所示,拆下2个卡子,并从手动变速器上断开2条拉索。拆下2个卡子,并从控制拉索支架上断开2条拉索。

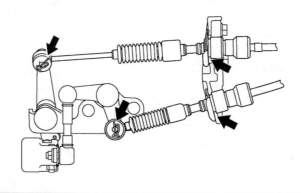

图2-29　发动机总成的拆卸(11)

(20) 断开变速器控制拉索总成(自动变速器车型)。如图2-30所示,从控制拉索支架上断开控制拉索。拆下螺母,并将控制拉索从控制杆上断开。拆下卡子并从控制拉索支架上断开控制拉索。拆下螺栓,并断开控制拉索的卡夹。

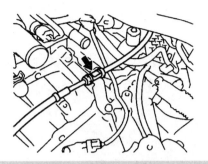 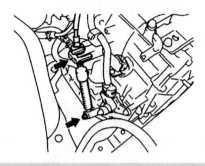

图 2-30　发动机总成的拆卸(12)

(21)断开机油冷却器软管(自动变速器车型)。如图 2-31 所示,从自动变速器上断开 2 个机油冷却器软管。

(22)断开加热器出水软管。如图 2-32 所示,从加热装置上断开加热器出水软管。

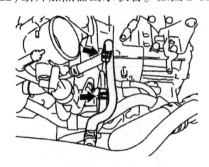 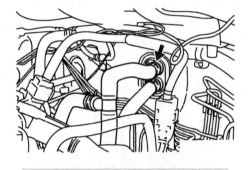

图 2-31　发动机总成的拆卸(13)　　　图 2-32　发动机总成的拆卸(14)

(23)断开加热器进水软管。如图 2-33 所示,从加热装置上断开加热器进水软管。

(24)断开燃油管分总成。

①如图 2-34 所示,松开卡爪并拆下 1 号燃油管卡夹。

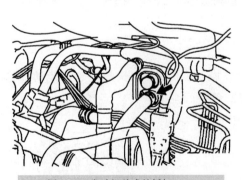 

图 2-33　发动机总成的拆卸(15)　　　图 2-34　发动机总成的拆卸(16)

②如图 2-35 所示,捏住挡片,然后将燃油管连接器从燃油管上拉出。注意:进行操作前,清除燃油管连接器上的污垢和异物。由于燃油管连接器有用以密封油管的 O 形圈,所以在断开时不要刮伤零件或让任何异物进入。用手进行该操作,不要使用任何工具,不要用力使尼龙管弯曲、打结或扭曲。断开燃油管后,用塑料袋盖上断开连接的零件以对其进行保护。如果燃油管连接器和油管粘在一起,推拉使其松开。

(25) 拆卸传动带。

(26) 拆卸发电机总成。

①如图 2-36 所示，拆下端子盖，拆下螺母并将线束从端子 B 上断开，断开连接器和线束卡夹。

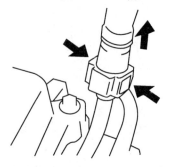

图 2-35　发动机总成的拆卸(17)　　　图 2-36　发动机总成的拆卸(18)

②如图 2-37 所示，拆下 2 个螺栓和发电机总成。

③如图 2-38 所示，拆下螺栓和线束卡夹支架。

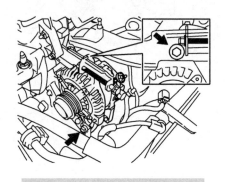 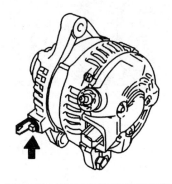

图 2-37　发动机总成的拆卸(19)　　　图 2-38　发动机总成的拆卸(20)

(27) 分离带传动带轮的压缩机总成。

①断开连接器。

②如图 2-39 所示，拆下 2 个螺栓和 2 个螺母。

③如图 2-40 所示，用"TORX"套筒扳手(E8)拆下 2 个双头螺柱和带传动带轮的压缩机总成。注意：将压缩机和软管移至一旁，以避免空调系统排放。

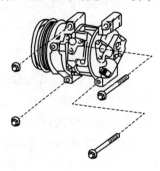 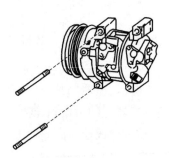

图 2-39　发动机总成的拆卸(21)　　　图 2-40　发动机总成的拆卸(22)

(28)分离离合器工作缸总成(手动变速器车型)。如图 2-41 所示,拆下 5 个螺栓和离合器管支架,并分离离合器工作缸总成。

(29)断开线束。

①如图 2-42 所示,将杆向上拉,并断开发动机控制计算机的连接器。

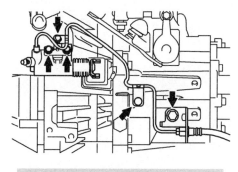

图 2-41 发动机总成的拆卸(23)

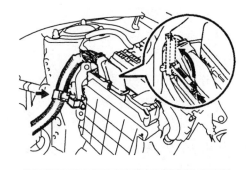

图 2-42 发动机总成的拆卸(24)

②如图 2-43 所示,拆下 2 个螺母,将连接器和 2 个卡夹从发动机舱接线盒上拆下,并断开线束。

③如图 2-44 所示,拆下螺栓和卡夹(手动变速器车型)。

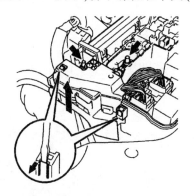

图 2-43 发动机总成的拆卸(25)

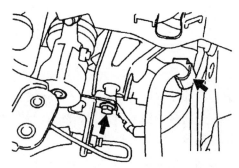

图 2-44 发动机总成的拆卸(26)

④如图 2-45 所示,拆下螺栓和卡夹(自动变速器车型)。

⑤断开所有线束和连接器,确保车身和发动机之间没有连接任何线束。

(30)固定转向盘。

(31)拆卸转向柱孔盖消声板。

(32)分离 2 号转向中间轴总成。

(33)断开 1 号转向柱孔盖分总成。

(34)断开 2 号加热型氧传感器。

(35)拆卸前排气管总成。

(36)拆卸左前桥轮毂螺母。

(37)拆卸右前桥轮毂螺母。

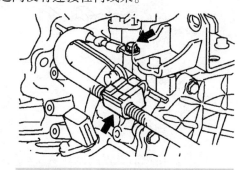

图 2-45 发动机总成的拆卸(27)

(38)断开左前轮转速传感器。

(39)断开右前轮转速传感器。

(40)分离左侧横拉杆接头分总成。

(41)分离右侧横拉杆接头分总成。

(42)分离左前稳定杆连杆总成。

(43)分离右前稳定杆连杆总成。

(44)分离左前下悬架臂。

(45)分离右前下悬架臂。

(46)分离带左侧车桥轮毂的转向节。

①如图2-46所示,在半轴和车桥轮毂上做装配标记。注意:不要使用冲头做标记。

②使用塑料锤,断开左前桥总成。注意:不要损坏防尘套和转速传感器转子。不要将半轴从车桥总成上过度推出。

(47)分离带右侧车桥轮毂的转向节。注意:与左侧执行相同的操作程序。

(48)拆卸前桥左半轴总成。

(49)拆卸前桥右半轴总成。

(50)拆卸飞轮壳底罩(自动变速器车型)。

(51)拆卸传动板和变矩器固定螺栓(自动变速器车型)。

(52)拆卸发动机前悬置支架下加强件。

(53)拆卸左前悬架横梁加强件。

(54)拆卸右前悬架横梁加强件。

(55)拆卸左前悬架横梁后支架。

(56)拆卸右前悬架横梁后支架。注意:与左侧执行相同的操作程序。

(57)拆卸前悬架横梁分总成。

(58)拆卸前悬架横梁。

①如图2-47所示,拆下螺栓和螺母。

图2-46 发动机总成的拆卸(28)

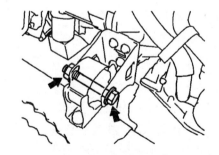

图2-47 发动机总成的拆卸(29)

②将发动机前悬置隔振垫从发动机前悬置支架上拆下。

③如图2-48所示,拆下4个螺栓和前悬架横梁。

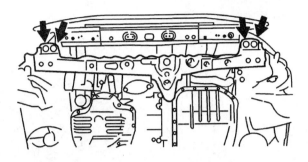

图2-48 发动机总成的拆卸(30)

(59)拆卸带变速器的发动机总成。

①如图2-49所示,固定发动机升降机。注意:将发动机放置在木块或同等物品上,使发动机水平放置。

②如图2-50所示,拆下2个螺栓和螺母,分离发动机右侧悬置隔振垫。

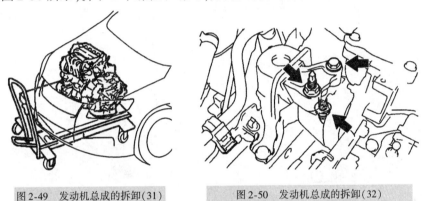

图2-49 发动机总成的拆卸(31)　　图2-50 发动机总成的拆卸(32)

③如图2-51所示,拆下螺栓和螺母,分离发动机左侧悬置隔振垫。小心地将带变速器的发动机从车辆上拆下。

(60)拆卸发动机前悬置隔振垫。如图2-52所示,拆下2个螺栓和发动机前悬置隔振垫。注意:仅在发动机悬置隔振垫需要更换时执行该程序。

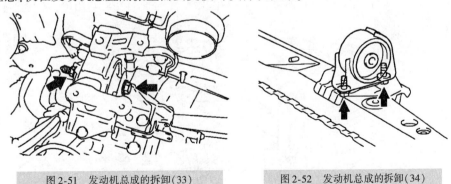

图2-51 发动机总成的拆卸(33)　　图2-52 发动机总成的拆卸(34)

(61)拆卸发动机后悬置隔振垫。如图2-53所示,拆下螺栓和螺母,分离发动机后侧悬置隔振垫。

(62)拆卸发动机左侧悬置隔振垫。如图 2-54 所示,拆下 4 个螺栓和发动机左侧悬置隔振垫。注意:仅在发动机悬置隔振垫需要更换时执行该程序。

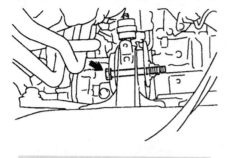

图 2-53　发动机总成的拆卸(35)　　　　图 2-54　发动机总成的拆卸(36)

(63)拆卸发动机右侧悬置隔振垫。

①如图 2-55 所示,拆下螺栓和螺母,并分离空调支架。

②如图 2-56 所示,拆下 3 个螺栓和发动机右侧悬置隔振垫。注意:仅在发动机悬置隔振垫需要更换时执行该程序。

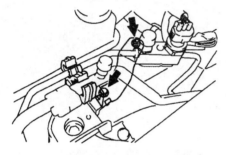

图 2-55　发动机总成的拆卸(37)　　　　图 2-56　发动机总成的拆卸(38)

(64)安装发动机吊架。

①拆下空气流量传感器支架。

②如图 2-57 所示,用 2 个螺栓安装 2 个发动机吊架,拧紧力矩:43N·m。注意:1 号发动机吊架零件号为 12281-37020,2 号发动机吊架零件号为 12282-37010,螺栓零件号为 91552-81050。

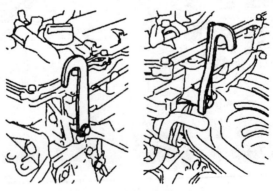

图 2-57　发动机总成的拆卸(39)

(65)拆卸飞轮壳侧盖。

(66)拆卸起动机总成。如图 2-58 所示,分离 2 个线束卡夹,拆下螺栓和线束支架,拆下端子盖,拆下螺母并断开端子 30。断开连接器,拆下 2 个螺栓并拆下起动机总成。

(67)拆卸手动变速器总成(手动变速器车型)。如图 2-59 所示,拆下 7 个螺栓和手动变速器总成。

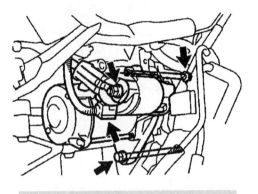

图 2-58　发动机总成的拆卸(40)

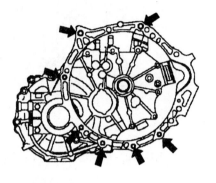

图 2-59　发动机总成的拆卸(41)

(68)拆卸自动变速器总成(自动变速器车型)。如图 2-60 所示,拆下 7 个螺栓,从发动机上拆下自动变速器总成。

(69)拆卸离合器盖总成(手动变速器车型)。如图 2-61 所示,在离合器盖总成和飞轮分总成上做好装配标记。每次将各固定螺栓拧松一圈,直至弹簧张力被完全释放。拆下固定螺栓并拉下离合器盖。

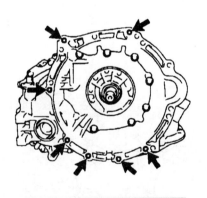

图 2-60　发动机总成的拆卸(42)

图 2-61　发动机总成的拆卸(43)

(70)拆卸离合器盘总成(手动变速器车型)。

(71)拆卸飞轮分总成(手动变速器车型)。

①如图 2-62 所示,用 SST 09213-58013、09330-00021 固定住曲轴。注意:安装 SST 时要检查其安装位置,以防止 SST 安装螺栓接触正时链条盖分总成。

②如图 2-63 所示,拆下 8 个螺栓和飞轮。

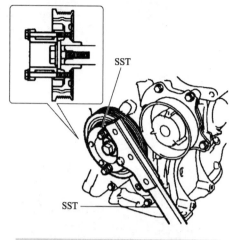

图2-62 发动机总成的拆卸(44)

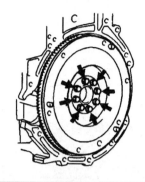

图2-63 发动机总成的拆卸(45)

(72)拆卸传动板和齿圈分总成(自动变速器车型)。

①用SST 09213-58013、09330-00021 固定住曲轴(图2-62)。注意:安装SST时要检查其安装位置,以防止SST安装螺栓接触正时链条盖分总成。

②如图2-64所示,拆下8个螺栓、后隔垫、传动板和前隔垫。

(73)拆卸发动机线束。

2)发动机总成的安装

(1)安装发动机线束。

(2)安装飞轮分总成(手动变速器车型)。

①用SST 09213-58013、09330-00021 固定住曲轴(图2-62)。注意:安装SST时要检查其安装位置,以防止SST安装螺栓接触正时链条盖分总成。

②如图2-65所示,在新螺栓的2个或3个螺纹端上涂抹粘合剂。粘合剂:丰田原厂粘合剂1324、Three Bond 1324 或同等产品。

图2-64 发动机总成的拆卸(46)

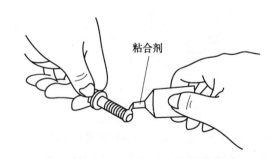

图2-65 发动机总成的安装(1)

③按图2-66所示顺序,分几个步骤,均匀地安装和紧固8个螺栓,拧紧力矩:49N·m。

④如图2-67所示,用油漆在螺栓前端做标记。

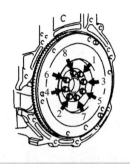

图 2-66　发动机总成的安装(2)

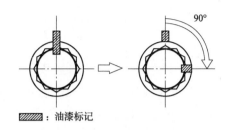

图 2-67　发动机总成的安装(3)

⑤按相同顺序,将 8 个螺栓再紧固 90°。

⑥检查并确认油漆标记现在与前端成 90°。

⑦检查并确认曲轴转动顺畅。

(3)安装传动板和齿圈分总成(自动变速器车型)。

①用 SST 09213-58013、09330-00021 固定住曲轴(图 2-62)。注意:安装 SST 时要检查其安装位置,以防止 SST 安装螺栓接触正时链条盖分总成。

②清洁螺栓和螺栓孔。

③在螺栓末端的 2 个或 3 个螺纹上涂上粘合剂。粘合剂:丰田原厂粘合剂 1324、Three Bond 1324 或同等产品。

④用 8 个螺栓安装前隔垫、传动板和后隔垫。均匀地紧固 8 个螺栓(图 2-64),拧紧力矩:88N·m。

(4)安装离合器盘总成(手动变速器车型)。如图 2-68 所示,用 SST 09301-00110 插入离合器盘总成,然后将它们一起插入飞轮分总成。注意:按正确方向插入离合器盘总成。

(5)安装离合器盖总成(手动变速器车型)。将离合器盖总成上的装配标记和飞轮分总成上的装配标记对准。按照图 2-69 所示的步骤,从位于顶部锁销附近的螺栓开始,按顺序拧紧 6 个螺栓,拧紧力矩:19N·m。注意:按照图 2-69 所示的顺序,每次均匀拧紧一个螺栓。检查并确认离合器盘位于中心位置后,上下左右轻微地移动 SST 09301-00110,然后拧紧螺栓。

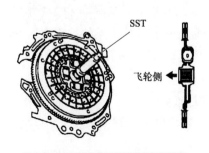

图 2-68　发动机总成的安装(4)

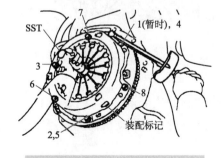

图 2-69　发动机总成的安装(5)

(6)检查并调整离合器盖总成(手动变速器车型)。

（7）安装手动变速器总成（手动变速器车型）。使输入轴和离合器盘对齐,并将手动变速器安装至发动机。安装7个螺栓（图2-59）,拧紧力矩：33N·m。

（8）安装自动变速器总成（自动变速器车型）。用7个螺栓将自动变速器总成安装至发动机（图2-60）,拧紧力矩：30N·m。

（9）安装起动机总成。用2个螺栓安装起动机总成（图2-58）,拧紧力矩：37N·m。连接连接器。用螺母连接端子30,拧紧力矩：9.8N·m。合上端子盖。用螺栓安装线束支架,拧紧力矩：8.4N·m。安装2个线束卡夹。

（10）安装飞轮壳侧盖。

（11）安装发动机前悬置隔振垫（图2-52）。用2个螺栓安装发动机前悬置隔振垫,拧紧力矩：95N·m。注意：仅在发动机悬置隔振垫需要更换时执行该程序。

（12）安装发动机后悬置隔振垫（图2-53）。用贯穿螺栓将发动机后悬置隔振垫安装至发动机悬置支架,拧紧力矩：95N·m。

（13）安装发动机左侧悬置隔振垫（图2-54）。用4个螺栓安装发动机左侧悬置隔振垫,拧紧力矩：95N·m。注意：仅在发动机悬置隔振垫需要更换时执行该程序。

（14）安装发动机右侧悬置隔振垫。

①用3个螺栓安装发动机右侧悬置隔振垫（图2-56）,拧紧力矩：95N·m。

②用螺栓和螺母将空调支架安装至发动机悬置隔振垫（图2-55）,拧紧力矩：9.8N·m。注意：仅在发动机悬置隔振垫需要更换时执行该程序。

（15）安装带变速器的发动机总成。

①将带变速器的发动机总成和前横架横梁放置在发动机升降机上（图2-49）。

②操作发动机升降机,将带变速器的发动机总成和前悬架横梁举升至发动机左侧和右侧悬置隔振垫可以安装的位置。注意：不要使发动机举升过高。如果发动机举升过高,车辆也可能被举升。确保发动机上没有任何配线和软管。将发动机举升进入车辆时,不要使其接触车辆。

③使用贯穿螺栓和螺母安装发动机左侧悬置隔振垫（图2-51）,拧紧力矩：56N·m。

④如图2-70所示,使用螺栓和2个螺母安装发动机右侧悬置隔振垫。螺母A的拧紧力矩：95N·m；螺母B的拧紧力矩：52N·m；螺栓的拧紧力矩：95N·m。

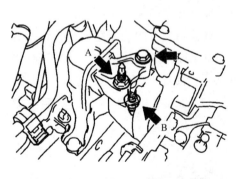

图2-70　发动机总成的安装（6）

（16）安装前横梁。

①用4个螺栓安装前横梁（图2-48）,拧紧力矩：96N·m。

②用螺栓和螺母将发动机前悬置隔振垫安装至发动机前悬置支架（图2-47）,拧紧力矩：145N·m。

（17）安装前悬架横梁分总成。

（18）安装左前悬架横梁后支架。

(19)安装右前悬架横梁后支架。
(20)安装左前悬架横梁加强件。
(21)安装右前悬架横梁加强件。
(22)安装发动机前悬置支架下加强件。
(23)安装传动板和变矩器固定螺栓(自动变速器车型)。
(24)安装飞轮壳底罩(自动变速器车型)。
(25)安装前桥左半轴总成。
(26)安装前桥右半轴总成。
(27)安装带左侧车桥轮毂的转向节。如图2-71所示,对准装配标记,并将前桥半轴总成连接至左前桥总成。
(28)安装带右侧车桥轮毂的转向节。注意:与左侧执行相同的操作程序。
(29)安装左前下悬架臂。
(30)安装右前下悬架臂。注意:与左侧执行相同的操作程序。

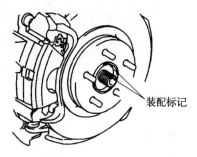

图2-71　发动机总成的安装(7)

(31)安装左前稳定杆连杆总成。
(32)安装右前稳定杆连杆总成。注意:与左侧执行相同的操作程序。
(33)连接左侧横拉杆接头分总成。
(34)连接右侧横拉杆接头分总成。注意:与左侧执行相同的操作程序。
(35)安装左前轮转速传感器。
(36)安装右前轮转速传感器。注意:与左侧执行相同的操作程序。
(37)安装左前桥轮毂螺母。
(38)安装右前桥轮毂螺母。注意:与左侧执行相同的操作程序。
(39)安装前排气管总成。
(40)安装2号加热型氧传感器。
(41)安装1号转向柱孔盖分总成。
(42)安装2号转向中间轴总成。

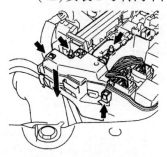

图2-72　发动机总成的安装(8)

(43)安装转向柱孔盖消声板。
(44)安装线束。
①用螺栓和卡夹将搭铁线安装至发动机舱线束(手动变速器车型)(图2-44),拧紧力矩:13N·m。
②用螺栓和卡夹将搭铁线安装至发动机舱线束(自动变速器车型)(图2-45),拧紧力矩:26N·m。
③如图2-72所示,用2个螺母安装线束,拧紧力矩:8.4N·m。将线束连接器和线束卡夹连接至发动机舱接线盒。

④如图2-73所示,用卡夹和锁止杆将连接器连接至发动机控制计算机。

(45)安装离合器工作缸总成(手动变速器车型)。如图2-74所示,用5个螺栓和离合器管支架,安装离合器工作缸总成。螺栓 A 的拧紧力矩:12N·m;螺栓 B 的拧紧力矩:12N·m;螺栓 C 的拧紧力矩:8.0N·m。

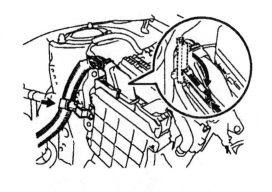

图2-73 发动机总成的安装(9)

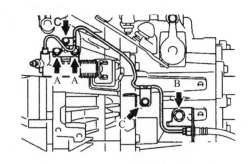

图2-74 发动机总成的安装(10)

(46)安装带传动带轮的压缩机总成。

(47)安装发电机总成。

①用螺栓安装线束卡夹支架(图2-38),拧紧力矩:8.4N·m。

②用2个螺栓暂时安装发电机总成(图2-37)。

③用螺母将线束安装到端子 B 并安装端子盖(图2-36),拧紧力矩:9.8N·m。

④安装连接器和线束卡夹。

(48)安装传动带。

(49)调整传动带。

(50)检查传动带。

(51)连接燃油管分总成。

①连接燃油管连接器和燃油管。注意:将燃油管连接器和管对准,然后将燃油管连接器推入,直至夹持器发出"咔嗒"声。如果连接过紧,则在燃油管顶部涂抹少量发动机机油。连接后,拉动管和连接器,以确保连接牢固。

②接合卡爪并安装1号燃油管卡夹(图2-34)。

(52)连接加热器进水软管(图2-33)。用卡夹连接加热器进水软管。

(53)连接加热器出水软管(图2-32)。用卡夹连接加热器出水软管。

(54)连接止回阀软管接头。用卡夹将接头连接至止回阀软管。

(55)连接机油冷却器软管(自动变速器车型)(图2-31)。用卡夹连接2个机油冷却器软管。

(56)安装变速器控制拉索总成(手动变速器车型)(图2-29)。用2个新的卡子将变速器控制拉索安装至变速器控制拉索支架。用2个卡子将变速器控制拉索安装至手动变

单元2 发动机总体构造与维修

速器。

(57)安装变速器控制拉索总成(自动变速器车型)(图2-30)。

①用卡子将控制拉索固定至控制拉索支架。

②用螺母将控制拉索连接到控制杆上,拧紧力矩:12N·m。

③将控制拉索连接到拉索支架上。

④用螺栓连接控制拉索的卡夹,拧紧力矩:12N·m。

(58)连接散热器出水软管(图2-28)。用卡夹连接散热器出水软管。

(59)连接散热器进水软管(图2-27)。用卡夹连接散热器进水软管。

(60)安装蓄电池托架。

①用4个螺栓安装蓄电池托架,拧紧力矩:19N·m。

②用2个螺栓连接水管(图2-26),拧紧力矩:19N·m。

③连接2个线束卡夹(图2-25)。

(61)安装蓄电池。

①安装蓄电池卡夹。螺栓的拧紧力矩:17N·m;螺母的拧紧力矩:3.5N·m。

②安装蓄电池端子,拧紧力矩:5.4N·m。注意:断开电缆时,重新连接电缆后需要对某些系统进行初始化。

(62)安装空气滤清器壳。

①使用3个螺栓安装空气滤清器壳(图2-24),拧紧力矩:7.0N·m。

②将线束卡夹安装至空气滤清器壳。

③安装空气滤清器滤芯。

(63)安装空气滤清器盖分总成。

①安装空气滤清器盖分总成,用箍带连接通风软管(图2-23)。

②连接2个卡夹,连接空气流量计连接器(图2-22)。

(64)添加手动变速器油(手动变速器车型)。

①安装新衬垫和放油螺塞,拧紧力矩:39N·m。

②添加手动变速器油。

③安装变速器注油螺塞和新衬垫,拧紧力矩:39N·m。

(65)检查并调整手动变速器油(手动变速器车型)。

①将车辆停放到平坦路面上。

②拆下变速器注油螺塞和衬垫。

③如图2-75所示,检查并确认油面在变速器注油螺塞开口最低点以下5mm范围内。

④油位低时,检查变速器油是否泄漏。

⑤安装变速器注油螺塞和新衬垫,拧紧力矩:39N·m。

(66)加注自动变速器油(自动变速器车型)。油液类型:丰田原厂ATF WS;加注量:2.9L。

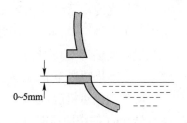

图2-75 发动机总成的安装(11)

(67)检查自动变速器油(自动变速器车型)。注意:驾驶车辆,使发动机和自动变速器处于正常工作温度下(70~80℃)。

①将车辆停放在水平地面上,并施加驻车制动。

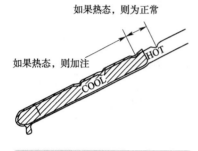

图2-76 发动机总成的安装(12)

②在发动机怠速且制动踏板踩下的情况下,将换挡杆换到从P位置到L位置的所有位置,然后回到P位置。

③拉出机油尺并将其擦干净。

④将机油尺完全推回到油管中。

⑤再次拉出机油尺,并检查液位是否在HOT范围内(图2-76)。如果液位低于HOT范围,加注新机油并重新检查液位。如果液位超过HOT范围,排放一次,添加适量的新机油并重新检查液位。

(68)检查自动变速器油是否泄漏(自动变速器车型)。

(69)检查换挡杆位置(自动变速器车型)。

①当点火开关置于ON位置且踩下制动踏板时,将换挡杆从P位置换至R位置,确保换挡杆平稳地换挡至正确位置。

②起动发动机,确保将换挡杆从N位置换至D位置时车辆向前行驶,将其换至R位置时车辆向后行驶。如果不能按规定执行操作,检查驻车挡/空挡位置开关总成,并检查换挡杆总成的安装情况。

(70)调节换挡杆位置(自动变速器车型)。

(71)添加发动机冷却液。

①紧固散热器放水螺塞。

②紧固汽缸体放水螺塞,拧紧力矩:13N·m。

③将丰田超长效冷却液(SLLC)添加至散热器储液罐加注口,手动变速器车型标准容量:5.6L,自动变速器车型标准容量:5.5L。

④如图2-77所示,拆下散热器盖并将冷却液添加至储液罐B刻度线。

⑤用手按压散热器进水软管和出水软管数次,检查冷却液液位。如果冷却液液位过低,添加冷却液。

⑥安装盖子和阀门,使发动机充分暖机。

⑦排空冷却系统内的空气。注意:起动发动机前,关闭空调开关。将空调的温度调整为MAX(HOT)。将空调鼓风机设置调整为LO。

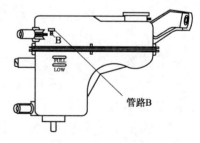

图2-77 发动机总成的安装(13)

a.发动机暖机至节温器打开。节温器打开时,使冷却液循环数分钟。

b.发动机暖机后,按照以下周期运行发动机至少7min:以3000r/min的转速运转5s,怠速运转45s(按相同周期重复操作至少8次)。

c.用手按压散热器进水软管和出水软管数次,以排空系统空气。

⑧发动机冷却后,检查并确认冷却液液位应在 FULL 和 LOW 刻度线之间(图 2-77)。如果冷却液液位低,则向储液罐内添加冷却液至 FULL 线。

(72)添加发动机机油。添加新的发动机机油并安装机油加注口盖。机油滤清器更换时放空后的重新加注量:4.2L;不更换机油滤清器时放空后的重新加注量:3.9L;净注入量:4.7L。

(73)检查发动机机油油位。

①使发动机暖机,然后停机并等待 5min。

②检查并确认发动机机油油位在油位计的低油位和满油位标记之间。如果机油油位过低,检查是否漏油并加注机油至满油位标记处。注意:加注时不要超过满油位标记。

(74)检查燃油是否泄漏。

(75)检查冷却液是否泄漏。

(76)检查机油是否泄漏。

(77)检查废气是否泄漏。

(78)安装发动机 2 号底罩。

(79)安装发动机 1 号底罩。

(80)安装发动机后部左侧底罩。

(81)安装发动机后部右侧底罩。

(82)安装前轮,拧紧力矩:103N·m。

(83)检查点火正时。

(84)检查发动机怠速转速。

(85)检查 CO/HC。

(86)调整前轮定位。

(87)安装 2 号汽缸盖罩(图 2-21)。接合 4 个卡子,以安装 2 号汽缸盖罩。注意:一定要牢固地接合卡子。不要施加过大的力或敲击汽缸组盖以接合卡子,这可能会导致汽缸组盖破裂。

(88)安装散热器上空气导流板。

(89)检查防抱死制动系统(ABS)转速传感器信号[不带车辆稳定控制系统(VSC)车型]。

(90)检查防抱死制动系统(ABS)转速传感器信号[带车辆稳定控制系统(VSC)车型]。

2.2.2　发动机总成的检查(车上检查)

1)发动机怠速转速的检查

(1)暖机并停止发动机运转。

(2)将智能检测仪连接到 DLC3 上。

(3)将点火开关置于 ON 位置。

(4)选择以下菜单项:Powertrain/Engine and ECT/Data List/Engine Speed。

(5)检查发动机怠速转速。怠速转速:600~700r/min。注意:关闭所有电气系统和空调。在冷却风扇关闭时,检查怠速转速。检查怠速转速时,将变速器换挡杆置于空挡或驻车挡。

(6)将点火开关置于OFF位置。

(7)从DLC3上断开智能检测仪。

2)汽缸压缩压力的检查

(1)暖机并停止发动机运转。

(2)拆下2号汽缸盖罩。

(3)拆下4个点火线圈。

(4)拆下4个火花塞。

(5)断开4个喷油器连接器。

(6)检查汽缸压缩压力。

①如图2-78所示,将汽缸压力表插入火花塞孔。

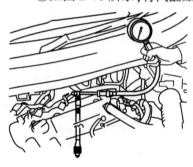

图2-78 汽缸压缩压力的检查

②使节气门全开。

③发动机运转时,测量汽缸压缩压力。汽缸压缩压力:1373kPa;汽缸最小压缩压力:1079kPa;各汽缸压缩压力间的差异:98kPa或更低。注意:使用完全充电的蓄电池;以使发动机转速能提高到250r/min或更高。用同样的方法检查其他汽缸的压缩压力。在尽可能短的时间内测量汽缸压缩压力。

④如果汽缸压缩压力偏低,通过火花塞孔往汽缸中注入少量的发动机机油并再次检查。如果添加机油后压力增大,则活塞环和/或汽缸可能磨损或损坏。如果压力继续偏低,气门可能卡滞或未正确就位,或可能从衬垫漏气。

(7)连接4个喷油器连接器。

(8)安装4个火花塞。

(9)安装4个点火线圈,拧紧力矩:10N·m。

(10)安装2号汽缸盖罩。

3)CO/HC浓度的检查

注意:此项检查用于确定怠速运转时CO/HC浓度是否符合规定。

(1)起动发动机。

(2)以2500r/min的转速运转发动机约3min。

(3)怠速运转时,将CO/HC测量仪测试探针插入排气管至少400mm。

(4)在怠速转速和发动机转速为2500r/min时,检查CO/HC浓度。注意:当进行两种模式(发动机怠速转速和转速为2500r/min)测试时,遵循相应的地方法规所规定的测量程序。如果CO/HC浓度不符合规定,则按以下顺序进行故障排除。

①检查空气流量计和加热型氧传感器的工作情况。
②参见表2-1查找可能的原因。必要时检查相应的零件并维修。

CO/HC 浓度不合格可能的原因　　　　表 2-1

CO	HC	故障	可能的原因
正常	高	怠速不稳	(1)点火系统故障。 ①正时不正确。 ②火花塞积炭、短路或间隙不合适。 (2)气门间隙不正确。 (3)进气门和排气门泄漏。 (4)汽缸泄漏
低	高	怠速不稳(HC 读数波动)	(1)真空泄漏。 ①曲轴箱强制通风(PCV)软管泄漏。 ②进气歧管泄漏。 ③节气门体泄漏。 ④制动助力器管路泄漏。 (2)混合气过稀导致缺火
高	高	怠速不稳(排出黑烟)	(1)空气滤清器滤芯堵塞。 (2)曲轴箱强制通风(PCV)阀堵塞。 (3)电控燃油喷射(EFI)系统有故障。 ①压力调节器有故障。 ②发动机冷却液温度传感器故障。 ③空气流量传感器故障。 ④ECM 故障。 ⑤喷油器故障。 ⑥节气门体故障

复习思考题

1. 发动机的作用是什么?
2. 四冲程汽油机每一个工作循环包括哪几个行程? 各行程工作原理是什么?
3. 四冲程柴油机与四冲程汽油机工作原理有哪些不同之处?
4. 为什么汽车发动机都采用多缸四冲程发动机?
5. 汽油发动机主要由哪几部分组成? 各部分主要作用是什么?
6. 发动机的主要性能指标有哪些?
7. 试分析发动机外特性。
8. 发动机总成的检查(车上检查)项目有哪些? 如何检查?

单元 3 曲柄连杆机构的构造与维修

知识目标

1. 掌握曲柄连杆机构的功用和组成；
2. 熟悉机体组各部件的功用及结构特点；
3. 熟悉活塞连杆组各部件的功用及结构特点；
4. 了解汽油机燃烧室类型及结构特点；
5. 熟悉曲轴飞轮组各部件的功用及结构特点；
6. 了解多缸发动机曲拐布置形式、发火顺序和工作循环表。

能力目标

1. 掌握传动带的维修方法；
2. 熟悉活塞连杆组和曲轴飞轮组部件的维修方法。

3.1 曲柄连杆机构的结构和工作原理

3.1.1 曲柄连杆机构的功用和组成

曲柄连杆机构是往复活塞式内燃机将热能转变为机械能的主要机构，其功用是把燃气作用在活塞顶面上的压力转变为曲轴的转矩，向外输出动力。

曲柄连杆机构由机体组、活塞连杆组和曲轴飞轮组3部分组成。机体组主要包括汽缸盖罩、汽缸盖、汽缸垫、汽缸体及油底壳等；活塞连杆组主要包括活塞、活塞环、活塞销、连杆等；曲轴飞轮组主要包括曲轴、飞轮等。

3.1.2 曲柄连杆机构的部件

3.1.2.1 机体组

发动机的机体组(图3-1)主要由汽缸体、曲轴箱、汽缸盖、汽缸盖罩、汽缸垫、油底壳等组成。机体组是发动机的骨架,是发动机各机构和系统的装配基体。

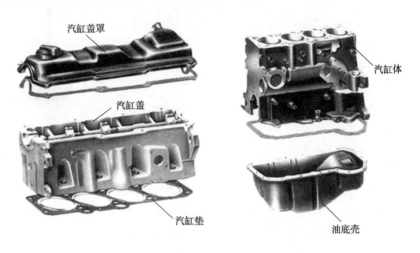

图3-1 机体组

1) 汽缸体

水冷发动机的汽缸体和曲轴箱常制成一体,而且多缸发动机的各个汽缸也合铸成一个整体(图3-2),称为汽缸体-曲轴箱,简称汽缸体。汽缸体上半部有若干个为活塞在其中运动导向的圆柱形空腔,称为汽缸。下半部为支撑曲轴的曲轴箱,其内腔为曲轴旋转的空间。

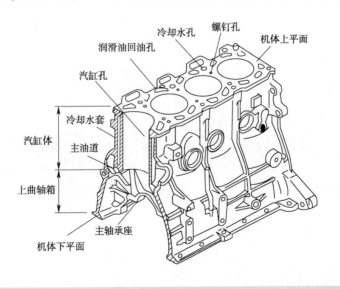

图3-2 水冷发动机的汽缸体

(1) 汽缸的排列方式。根据汽缸排列形式不同,汽缸体分直列式、V形、对置式等形式。

①直列式(图3-3)。各汽缸排成一直列的称为直列式汽缸排列,其特点是机体的宽度小而高度和长度大,一般只用于六缸以下的发动机,通常把采用直列式汽缸排列的发动机称为直列式发动机。

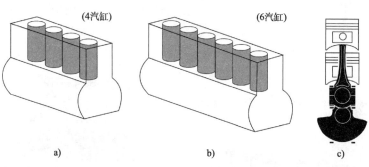

图3-3 直列式

②V形(图3-4)。两列汽缸排成V形的称为V形汽缸排列,V形发动机汽缸体宽度大,而长度和高度小,形状比较复杂。但汽缸体的刚度大,质量和外形尺寸较小,多用于六缸以上大功率发动机上,通常把此种发动机称为V形发动机。V形的打开角度被称为V形汽缸夹角,为了平衡,V6发动机的汽缸夹角最好为90°,V8发动机的汽缸夹角最好为60°。

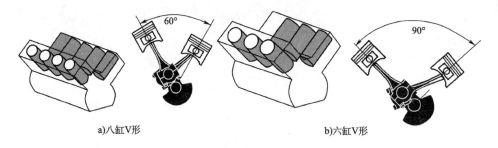

图3-4 V形

③对置式(图3-5)。对置式发动机是指两列汽缸水平相对排列,其优点是重心低,而且对置式发动机的平衡性较好。

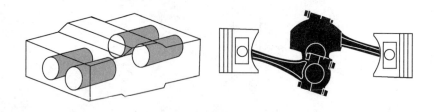

图3-5 对置式

(2)汽缸体的冷却。汽车发动机多采用水冷的方式(图3-2),利用水套中的冷却液流过高温零件的周围而带走多余的热量。风冷发动机一般将汽缸体与曲轴箱分开铸造,为增强散热效果,在汽缸体与汽缸盖的外表面铸有散热片,如图3-6所示。

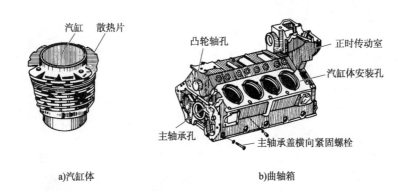

图 3-6　风冷发动机的汽缸体

(3)汽缸套。某些乘用车发动机采用合金铸铁无汽缸套式的汽缸体,即不镶嵌任何汽缸套,在汽缸体上直接加工出汽缸。这可以缩短汽缸中心距,使汽缸体的尺寸和质量减少,刚度大,工艺性好。但是为了保证汽缸的耐磨性,整个汽缸体必须采用耐磨的合金铸铁制造,成本较高。

现代汽车多采用在汽缸体内镶入耐磨性较好的汽缸套,延长汽缸的使用寿命。根据是否与冷却液相接触,汽缸套分为干式汽缸套和湿式汽缸套。

①干式汽缸套。汽缸套的外表面不直接与冷却液接触的称为干式汽缸套,如图 3-7a)所示。

②湿式汽缸套。湿式汽缸套则与冷却液接触,如图 3-7b)所示。大多数湿式汽缸套装入后,其顶面一般高出汽缸体 0.05～0.15mm,这样在紧固汽缸盖螺栓时,可将汽缸垫压得更紧,以保证汽缸的密封性,防止漏水、漏气。

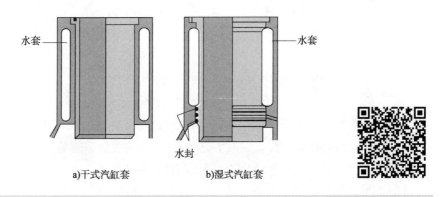

图 3-7　汽缸套

2)汽缸盖

汽缸盖用来封闭汽缸的上部,并与活塞顶、汽缸壁共同构成燃烧室。汽缸盖内有与汽缸体相通的冷却水套、燃烧室、火花塞座孔(汽油机)或喷油器座孔(柴油机)、进排气道等。上置凸轮轴式发动机的汽缸盖上还有用以安装凸轮轴的轴承座。图 3-8 所示为发动机的汽缸盖分解图。

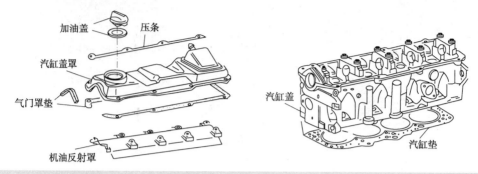

图3-8 汽缸盖分解图

汽油机的燃烧室是当活塞位于上止点时,由活塞顶部及汽缸盖上相应的凹部空间组成。汽油机常用燃烧室如图3-9所示。

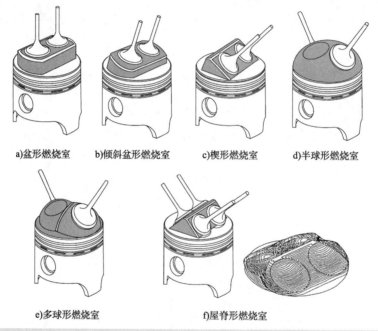

图3-9 汽油机燃烧室

(1)盆形燃烧室。由于断面形状像澡盆,由此得名。盆形燃烧室上面有进气门、排气门,弯曲的进气歧管和排气歧管,容易产生进气涡流,但进气效率较低。

(2)倾斜盆形燃烧室。燃烧室上部是倾斜的,能产生较大的压缩比。

(3)楔形燃烧室。从前面看它的形状为楔形。进排气门是直立的,燃烧室具有可以产生高压缩比、容易形成进气涡流等优点。其燃烧室表面积大,可以防止异常燃烧,但热损失大。

(4)半球形燃烧室。在燃烧室容积相同的情况下,半球形燃烧室的表面积最小,因此,具有良好的热效率。火花塞置于燃烧室最高点,因此,能让火焰快速扩张并充满整个燃烧室,能防止爆燃。

(5)多球形燃烧室。进排气门大,易形成进气涡流,是由两个半球组合而成的。但是表面积增大了,热效率比半球形燃烧室差。

(6)屋脊形燃烧室。形状像三角房屋的屋顶一样。屋脊形燃烧室容积小、燃料经济性好、输出功率大,能产生强烈的进气涡流,是高压缩比、高性能的燃烧室。

3)汽缸垫

汽缸体与汽缸盖间装有汽缸垫(图3-10),用来保证汽缸体与汽缸盖结合面间的密封,防止气体、冷却液和润滑油等的泄漏。汽缸垫有金属-石棉汽缸垫和纯金属等结构形式。

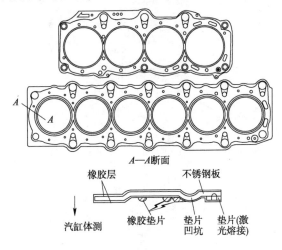

图3-10 汽缸垫

4)汽缸盖罩

汽缸盖罩(图3-8)位于汽缸盖上部,起封闭及防尘作用,一般为薄钢板冲压而成,其上设有注油口。

5)油底壳

油底壳(图3-11)的作用是储存机油并封闭曲轴箱。一般为薄钢板冲压而成。某些发动机为达到良好的散热效果,采用了铝合金铸造的油底壳,在油底壳的底部还铸有散热片。为保证发动机纵向倾斜时机油泵仍能吸到机油,油底壳中部或后部制作得较深。有时在油底壳中还设有挡油板,以减轻油面波动。底部装有磁性的放油螺塞,以吸附润滑油中的铁屑,减少发动机的磨损。

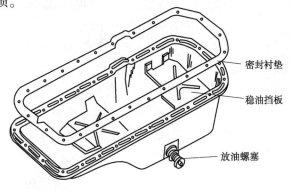

图3-11 油底壳

3.1.2.2 活塞连杆组

活塞连杆组主要由活塞、活塞环、活塞销和连杆等部件组成,如图 3-12 所示。

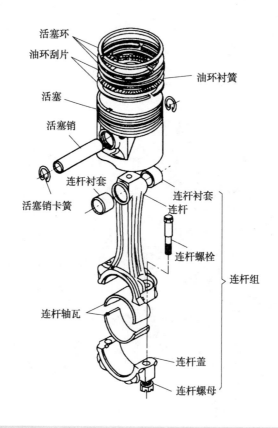

图 3-12 活塞连杆组

1) 活塞

活塞的主要功用是承受汽缸中的燃烧压力,并将此力通过活塞销和连杆传给曲轴。此外,活塞还与汽缸盖、汽缸壁共同组成燃烧室。

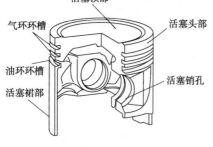

图 3-13 活塞的基本结构

活塞是由活塞顶部、活塞头部和活塞裙部 3 部分组成,如图 3-13 所示。

(1)活塞顶部是燃烧室的组成部分,其形状与选用的燃烧室的形式有关。汽油机活塞顶有平顶、凸顶、凹顶和成型顶等形式,如图 3-14 所示。

(2)活塞头部是指活塞顶至最下面一道活塞环槽之间的部分,其作用是承受气体压力、防止漏气、将热量通过活塞环传给汽缸壁。活塞头部切有若干环槽,用以安装活塞环。上面的 2~3 道槽用来安装气环,下面的一道用来安装油环。油环槽的底部钻有若干小孔,以使油环从汽缸壁上刮下的多余润滑油经此流回油底壳。

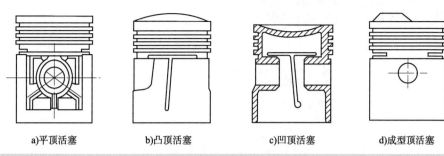

a)平顶活塞　　　b)凸顶活塞　　　c)凹顶活塞　　　d)成型顶活塞

图3-14　活塞顶的形状

（3）活塞环槽以下的所有部分称为活塞裙部，其作用是引导活塞在汽缸中作往复运动，并承受侧压力。考虑轻量化和防止热膨胀，有些活塞裙部开了细长的一字形、T形或U形槽。热膨胀的时候这些槽会变窄。

2）活塞环

活塞环包括气环和油环两种，如图3-15所示。

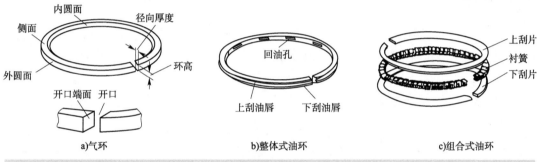

a)气环　　　　　b)整体式油环　　　　c)组合式油环

图3-15　活塞环

（1）气环又称压缩环，其作用是保证活塞与汽缸壁间的密封，防止汽缸中的高温、高压燃气大量漏入曲轴箱，同时它还将活塞头的热量传导给汽缸壁。一般发动机上每个活塞装有2~3道气环。

（2）油环的作用是刮除汽缸壁上多余的机油，并在汽缸壁布油。通常发动机的每个活塞装有1道油环，也有个别发动机活塞在裙部上还装有1道油环。

3）活塞销

活塞销的功用是连接活塞和连杆小头，将活塞所承受的气体压力传给连杆。活塞销常见的结构形式如图3-16所示。

a)圆柱形　　　b)两段截锥与一段圆柱结合形　　　c)两段截锥形

图3-16　活塞销的结构

活塞销与活塞销座孔和连杆小头衬套孔的连接配合方式有两种,即全浮式和半浮式如图3-17所示。

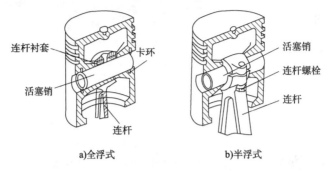

图 3-17　活塞销的连接方式

(1) 全浮式活塞销能在连杆小头衬套孔和活塞销座孔内作自由转动,可以保证活塞销沿圆周磨损均匀,因此应用较普遍。为防止活塞销轴向窜动而损坏汽缸壁,在活塞销座两端装有弹性卡环来限位。

(2) 半浮式活塞销是用螺栓将活塞销夹紧在连杆小头孔内,这时活塞销只在活塞销孔内转动,在连杆小头孔内不转动。因而连杆小头孔内不装衬套,活塞销座孔孔内也不装挡圈。

4) 连杆

连杆的功用是将活塞承受的力传给曲轴,推动曲轴转动,将活塞的往复运动转变为曲轴的旋转运动。

连杆的结构如图3-18所示,由连杆小头、杆身和连杆大头3部分组成。连杆小头用来安装活塞销以连接活塞,在全浮式连接的连杆小头孔内压有减摩的青铜衬套或铁基粉末冶金衬套。工作时,活塞销和衬套之间有相对转动,为了保证其间润滑,在连杆小头和衬套上钻有集油孔或铣出集油槽,用于收集发动机运转时被溅上来的机油,以便润滑。有的发动机连杆小头采用压力润滑,在连杆杆身内钻有纵向的压力油道。

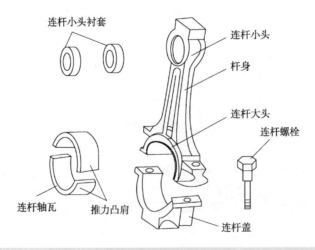

图 3-18　连杆的结构

3.1.2.3 曲轴飞轮组

曲轴飞轮组主要由曲轴、飞轮、正时齿轮或正时链轮、传动带轮及曲轴扭转减振器等组成，如图3-19所示为发动机的曲轴飞轮组结构图。

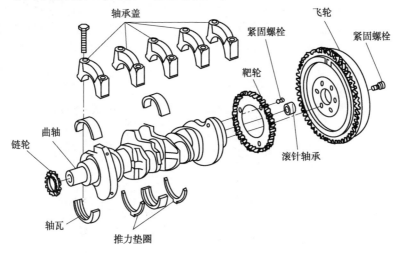

图 3-19　曲轴飞轮组

1) 曲轴

曲轴的主要功用是将活塞连杆组传来的气体压力转变为转矩，然后通过飞轮输出。另外还用来驱动发动机的配气机构以及其他辅助装置（如发电机、风扇、水泵、转向油泵等）。

曲轴一般由主轴颈、连杆轴颈、曲柄、平衡块、前端轴和后端凸缘等组成，如图3-20所示。一个连杆轴颈和它两端的曲柄及相邻两个主轴颈构成一个曲拐。曲拐的数目取决于发动机的汽缸数目及其排列方式，直列发动机的曲拐数等于汽缸数，而V形发动机和对置式发动机的曲拐数为汽缸数的一半。

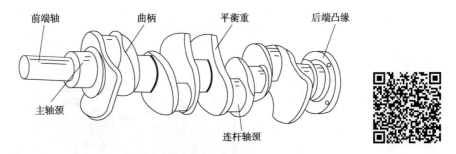

图 3-20　曲轴的结构

曲轴前端是第一道主轴颈之前的部分，装有驱动其他装置的机件（正时齿轮、传动带轮）及其起动爪、推力垫片及扭转减振器等。曲轴后端是最后一道主轴颈之后的部分，在其后端为安装飞轮的凸缘盘。

曲轴的形状及各曲拐的相对位置取决于汽缸数、汽缸排列形式和发动机的工作顺序。在选择各缸的工作顺序时，应使各缸的做功间隔力求均衡，即发动机每完成一个工作循环，各缸都应发火做功一次。对于缸数为 i 的四冲程发动机,其发火间隔角为 $720°/i$,连续做功的两缸相距尽可能远些,以减轻主轴承负荷和避免进气行程中发生抢气现象;V 形发动机左右两列应交替发火。

(1) 四冲程直列四缸发动机的发火间隔角为 $720°/4 = 180°$。4 个曲拐在同一个平面内,如图 3-21 所示。发动机的工作顺序为 1-3-4-2 或 1-2-4-3。若以第一种为例,则其工作循环表见表 3-1。

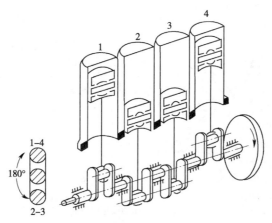

图 3-21 直列四缸发动机的曲拐布置

直列四缸发动机工作循环表(发火顺序 1-2-4-3)　　　　表 3-1

曲轴转角(°)	第 1 缸	第 2 缸	第 3 缸	第 4 缸
0~180	做功	压缩	排气	进气
180~360	排气	做功	进气	压缩
360~540	进气	排气	压缩	做功
540~720	压缩	进气	做功	排气

(2) 四冲程直列六缸发动机的发火间隔角为 $720°/6 = 180°$。6 个曲拐互成 $120°$,如图 3-22 所示。发动机的工作顺序多为 1-5-3-6-2-4,其工作循环表见表 3-2。

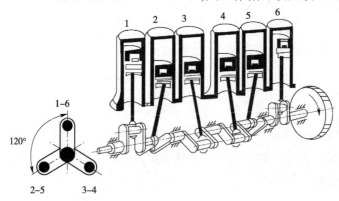

图 3-22 直列六缸发动机的曲拐布置

直列六缸发动机工作循环表(发火顺序 1-5-3-6-2-4) 表 3-2

曲轴转角(°)		第1缸	第2缸	第3缸	第4缸	第5缸	第6缸
0~180	0		排气		做功	压缩	
	60			压缩			进气
	120	做功					
	180		进气		排气		
180~360	240					做功	压缩
	300	排气		做功	进气		
	360						
360~540	420	进气	压缩			排气	做功
	480			排气	压缩		
	540						
540~720	600		做功			进气	排气
	660	压缩		进气	做功		
	720		排气			压缩	

(3)四冲程 V 形八发动机的发火间隔角为 720°/8 = 90°。4 个曲拐互成 90°，如图 3-23 所示。发动机的工作顺序为 1-8-4-3-6-5-7-2，其工作循环表见表 3-3。

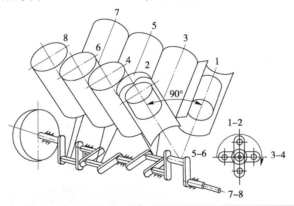

图 3-23 四冲程 V 形八缸发动机的曲拐布置

V 形八缸发动机工作循环表(发火顺序 1-8-4-3-6-5-7-2) 表 3-3

曲轴转角(°)		第1缸	第2缸	第3缸	第4缸	第5缸	第6缸	第7缸	第8缸
0~180	0		做功	进气		排气			压缩
	90	做功			压缩		进气	排气	
	180		排气	压缩		进气			做功
180~360	270	排气			做功		压缩	进气	
	360		进气	做功		压缩			排气
360~540	450	进气			排气		做功	压缩	
	540		压缩	排气		做功			进气
540~720	630	压缩			进气		排气	做功	
	720		做功	进气		排气			压缩

2) 扭转减振器

在曲轴的前端加装扭转减振器(图3-24),作用是吸收曲轴扭转振动的能量,消减扭转振动,避免发生共振。

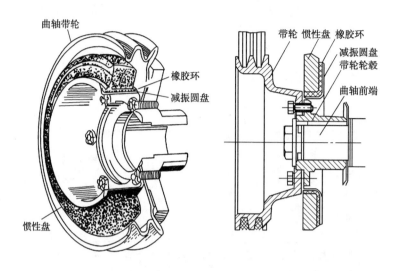

图3-24　扭转减振器

3) 飞轮

飞轮是一个转动惯量很大的圆盘,其主要功用是储存做功行程的一部分能量,以克服各辅助行程的阻力,使曲轴均匀旋转,从而使发动机具有克服短时超载的能力。此外,飞轮又常作为汽车传动系统中摩擦离合器的主动盘。

发动机飞轮的构造如图3-25所示。飞轮的外缘上镶有齿圈,起动时起动机上的齿轮与之啮合,供发动机起动用。

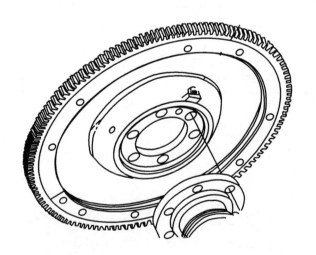

图3-25　飞轮的构造

飞轮上通常刻有第一缸点火正时记号,以便调整和检验点火(喷油)正时和气门间隙。不同发动机点火正时记号也不相同。

3.2 曲柄连杆机构的维修

本单元以卡罗拉(1.6L)乘用车的曲柄连杆机构的维修为例进行说明。

3.2.1 传动带的维修

1)传动带的检查(车上检查)

(1)如图3-26所示,目视检查传动带是否过度磨损、加强筋损坏等。如果发现有任何损坏,则更换传动带。注意:传动带的带棱侧出现一些裂纹是可以接受的。如果传动带棱上有脱落,则更换传动带。

(2)如图3-27所示,安装好传动带后,检查并确认传动带应正确安装在楔形槽中。用手检查,以确认传动带没有从曲轴传动带轮底部的凹槽中滑脱。

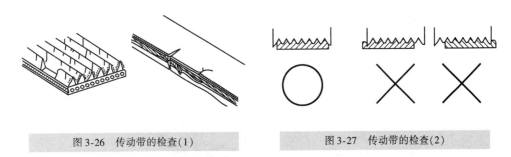

图3-26 传动带的检查(1)　　　图3-27 传动带的检查(2)

(3)如图3-28所示,检查传动带的偏移量和张紧力。新传动带的偏移量:7.5~8.6mm;用过的传动带偏移量:8.0~10.0mm。新传动带的张紧力:637~735N;用过的传动带张紧力:392~588N。

(4)注意事项。

①"新传动带"是指在发动机运转的情况下使用时间少于5min的传动带。"用过的传动带"是指在发动机运转的情况下使用时间长达5min或以上的传动带。安装新传动带后,运转发动机约5min,然后重新检查传动带偏移量和张紧力。

②在规定点处检查传动带的偏移量。在规定点处检查传动带的张紧力。检查传动带偏移量时,向其施加98N的张紧力。

图3-28 齿形带的检查(3)

③重新安装使用超过5min的传动带时,调整其偏移量和张紧力至各"用过的传动带"规格的中间值。

④发动机转动2圈后,应检查传动带张紧力和偏移量。

⑤使用传动带张力计时,首先用基准仪表确认其精确度。

2)传动带的拆装

拆装传动带相关部件分解图,如图3-29所示。

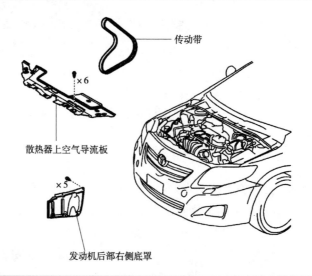

图 3-29　拆装传动带相关部件分解图

(1) 传动带的拆卸。

①拆卸散热器上空气导流板。

②拆卸发动机后部右侧底罩。

③如图 3-30 所示,拆卸传动带。松开螺栓 A 和 B,松开螺栓 C,然后拆下传动带。注意:不要松开螺栓 D。

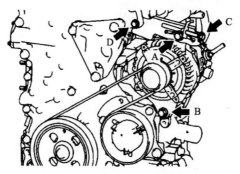

图 3-30　传动带的拆卸

(2) 传动带的安装。

①安装传动带。

②调整传动带(图 3-30)。转动螺栓 C,以调节传动带的张紧力。紧固螺栓 A 和 B,螺栓 A 的拧紧力矩:19N·m;螺栓 B 的拧紧力矩:43N·m。注意:确认螺栓 D 没有松动。

③检查传动带。

④安装发动机后部右侧底罩。

⑤安装散热器上空气导流板。

3.2.2　活塞连杆组和曲轴飞轮组部件的维修

活塞连杆组和曲轴飞轮组部件分解图如图 3-31 和图 3-32 所示。

单元 3　曲柄连杆机构的构造与维修

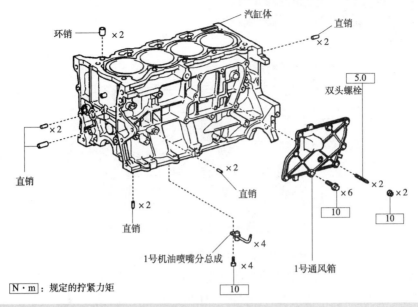

图 3-31　活塞连杆组和曲轴飞轮组部件分解图(1)

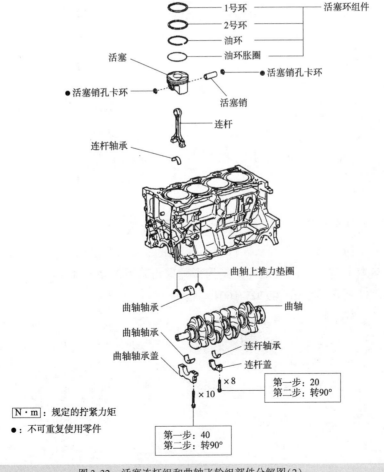

图 3-32　活塞连杆组和曲轴飞轮组部件分解图(2)

1）活塞连杆组和曲轴飞轮组部件的拆卸

（1）拆卸1号通风箱。

①如图3-33所示，拆下6个螺栓和2个螺母。

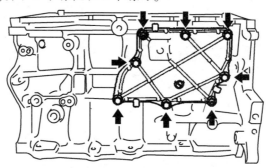

图3-33　活塞连杆组和曲轴飞轮组部件的拆卸(1)

②如图3-34所示，用螺丝刀撬动1号通风箱和汽缸体之间的部位，拆下1号通风箱。注意：不要损坏汽缸体和1号通风箱的接触面。使用螺丝刀之前，请在螺丝刀头部缠上胶带。

（2）拆卸带连杆的活塞分总成。

①如图3-35所示，用铰刀去除汽缸顶部的所有积炭。

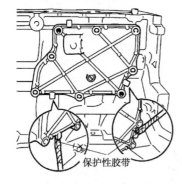

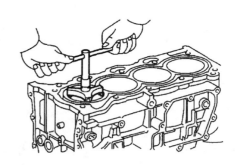

图3-34　活塞连杆组和曲轴飞轮组部件的拆卸(2)　　　图3-35　活塞连杆组和曲轴飞轮组部件的拆卸(3)

②如图3-36所示，检查并确认连杆和连杆盖上的装配标记相互对准以确保正确地重新安装。注意：连杆和连杆盖的装配标记是为了确保正确地重新安装。

③如图3-37所示，用SST 09205-16010均匀松开2个螺栓。

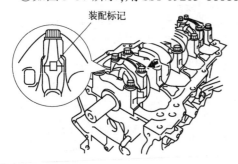

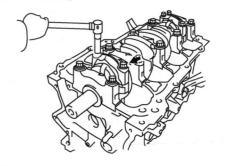

图3-36　活塞连杆组和曲轴飞轮组部件的拆卸(4)　　　图3-37　活塞连杆组和曲轴飞轮组部件的拆卸(5)

④如图3-38所示,用2个已拆下的连杆盖螺栓,通过左右摇动连杆盖,拆下连杆盖和下轴承。注意:保持下轴承插入连杆盖。

⑤从汽缸体的顶部推出活塞、连杆总成和上轴承。注意:使轴承、连杆和连杆盖连在一起。按正确的顺序摆放活塞和连杆总成。

(3)拆卸连杆轴承。注意:按正确的顺序摆放拆下的零件。

(4)拆卸活塞环组件。如图3-39所示,用活塞环扩张器拆下2个压缩环,用手拆下油环刮片和油环胀圈。注意:按正确的顺序摆放拆下的零件。

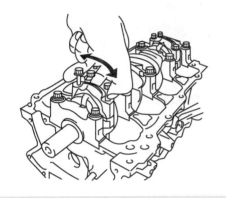

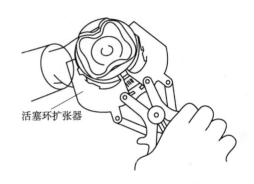
活塞环扩张器

图3-38 活塞连杆组和曲轴飞轮组部件的拆卸(6)　　图3-39 活塞连杆组和曲轴飞轮组部件的拆卸(7)

(5)拆卸活塞。

①如图3-40所示,使用螺丝刀撬出2个卡环。

②如图3-41所示,逐渐加热各活塞到80~90℃。

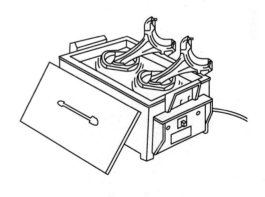

图3-40 活塞连杆组和曲轴飞轮组部件的拆卸(8)　　图3-41 活塞连杆组和曲轴飞轮组部件的拆卸(9)

③如图3-42所示,用塑料锤和铜棒,轻轻敲出活塞销并拆下连杆。注意:活塞和活塞销是一组配套件。按正确的顺序摆放活塞、活塞销、活塞环、连杆和轴承。

(6)拆卸曲轴。

①按图3-43所示顺序,均匀地拧松并拆下10个主轴承盖螺栓。

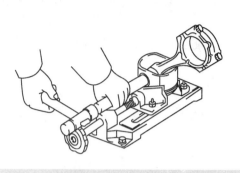

图3-42 活塞连杆组和曲轴飞轮组部件的拆卸(10)

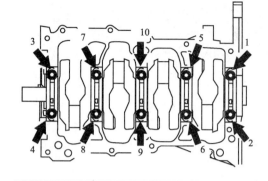

图3-43 活塞连杆组和曲轴飞轮组部件的拆卸(11)

②如图3-44所示,用2个已拆下的主轴承盖螺栓拆下5个主轴承盖和5个下轴承。注意:依次将螺栓插入轴承盖。轻轻地向上拉并向汽缸体的前、后侧施加力,将轴承盖拉出。小心不要损坏轴承盖和汽缸体的接触面。将下轴承和主轴承盖作为一个组件保存。按正确的顺序摆放主轴承盖。

③提出曲轴。

(7)如图3-45所示,从汽缸体上拆下曲轴上推力垫圈。

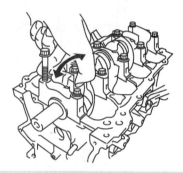

图3-44 活塞连杆组和曲轴飞轮组部件的拆卸(12)

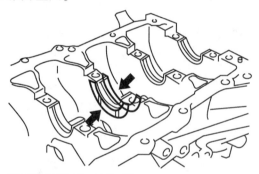

图3-45 活塞连杆组和曲轴飞轮组部件的拆卸(13)

(8)拆卸曲轴轴承。

①如图3-46所示,从汽缸体上拆下5个主轴承。注意:按正确的顺序摆放轴承。

②如图3-47所示,从5个主轴承盖上拆下5个下主轴承。注意:按正确的顺序摆放轴承。

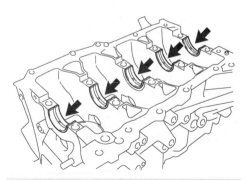

图3-46 活塞连杆组和曲轴飞轮组部件的拆卸(14)

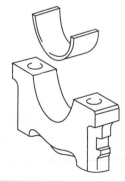

图3-47 活塞连杆组和曲轴飞轮组部件的拆卸(15)

(9)拆卸1号机油喷嘴分总成。如图3-48所示,用5mm六角套筒扳手拆下螺栓和机油喷嘴。

2)活塞连杆组和曲轴飞轮组部件的检查

(1)检查连杆轴向间隙。

①安装连杆盖。

②如图3-49所示,来回移动连杆的同时,用百分表测量轴向间隙。标准轴向间隙:0.160~0.342mm,最大轴向间隙:0.342mm。如果轴向间隙大于最大值,则必要时更换连杆总成。如有必要,则更换曲轴。

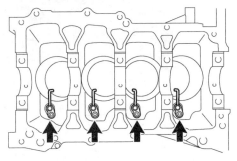

图3-48 活塞连杆组和曲轴飞轮组部件的拆卸(16)　　图3-49 检查连杆轴向间隙

(2)检查连杆径向间隙。

①清洁曲柄销和轴承。

②检查曲柄销和轴承是否有点蚀和划痕。

③如图3-50所示,将塑料间隙规摆放在曲柄销上。

④如图3-51所示,检查并确认连杆盖上的朝前标记应该朝前。

 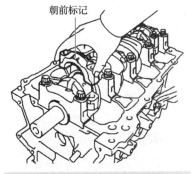

图3-50 检查连杆径向间隙(1)　　图3-51 检查连杆径向间隙(2)

⑤安装连杆盖。注意:不要转动曲轴。

⑥拆下2个螺栓和连杆盖。

⑦如图3-52所示,测量塑料间隙规最宽处。标准径向间隙:0.030~0.062mm,最大径向间隙:0.07mm。如果径向间隙大于最大值,则更换连杆轴承。如有必要,检查曲轴。注意:测量后完全拆下塑料间隙规。

注意:如果更换轴承,则新轴承的编号应与各连杆盖的编号一致。通过各轴承表面的1、2和3指示其标准厚度。标准连杆大头孔径如下:标记1应为47.000~47.008mm;标记2应为47.009~47.016mm;标记3应为47.017~47.024mm。标准连杆轴承厚度如下:标记1应为1.489~1.493mm;标记2应为1.494~1.497mm;标记3应为1.498~1.501mm。标准曲柄销直径如下:标记1、2、3均应为43.992~44.000mm。

(3)检查汽缸体的平面度。如图3-53所示;用精密直尺和塞尺;测量与汽缸盖衬垫接触的表面的平面度。平面度最大值:0.05mm。如果平面度大于最大值,则更换汽缸体。

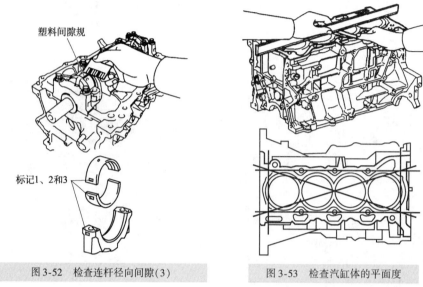

图3-52 检查连杆径向间隙(3)　　图3-53 检查汽缸体的平面度

(4)检查汽缸缸径。如图3-54所示;用量缸表在位置A和B处测量推力方向与轴向的汽缸缸径。标准直径:80.500~80.513mm;最大直径:80.633mm。如果4个位置的平均缸径值大于最大值,则更换汽缸体。

(5)检查活塞。

①如图3-55所示,用衬垫刮刀清除活塞顶部的积炭。

②如图3-56所示,用环槽清洁工具或折断的活塞环清洁活塞环槽。

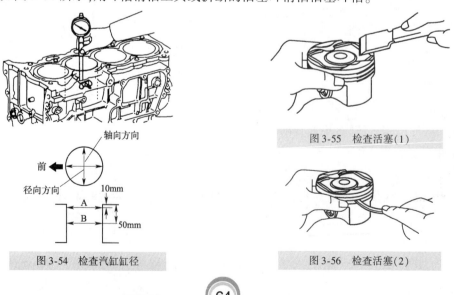

图3-54 检查汽缸缸径　　图3-55 检查活塞(1)

图3-56 检查活塞(2)

③如图3-57所示,用刷子和溶剂彻底清洁活塞。注意:不要使用钢丝刷。

④如图3-58所示,在距活塞顶部12.6mm处,用千分尺测量与活塞销孔成直角的活塞直径。标准活塞直径:80.461~80.471mm。如果直径不符合规定,则更换活塞。

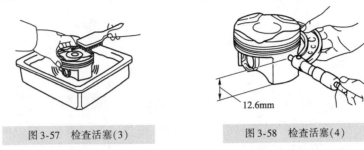

图3-57　检查活塞(3)　　　　图3-58　检查活塞(4)

(6)检查活塞径向间隙。用汽缸缸径测量值减去活塞直径测量值。标准径向间隙:0.029~0.052mm,最大径向间隙:0.09mm。如果径向间隙大于最大值,则更换所有活塞。如有必要,更换汽缸体。

(7)检查环槽间隙。如图3-59所示,使用塞尺测量新活塞环和环槽壁间的间隙。标准环槽间隙如下:1号气环应为0.02~0.07mm;2号气环应为0.02~0.06mm;油环应为0.02~0.065mm。如果环槽间隙不符合规定,则更换活塞。

(8)检查活塞环端隙。

①如图3-60所示,用活塞从汽缸体的顶部将活塞环推至活塞环底部使其行程超过50mm。

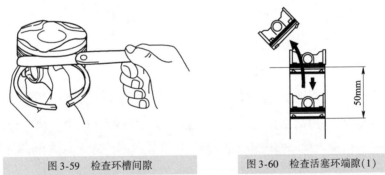

图3-59　检查环槽间隙　　　　图3-60　检查活塞环端隙(1)

②如图3-61所示,用塞尺测量端隙。标准端隙如下:1号气环应为0.2~0.3mm;2号气环应为0.3~0.5mm;油环应为0.1~0.4mm。最大端隙如下:1号气环应为0.5mm,2号气环应为0.7mm,油环应为0.7mm。如果端隙大于最大值,则更换活塞环。换上新的活塞环后,如果端隙仍大于最大值,则更换汽缸体。

(9)检查活塞销径向间隙。

①如图3-62所示,用测径规测量活塞销孔径。标准活塞销孔径:20.006~20.015mm。如果直径不符合规定,则更换活塞。活塞销孔径分级如下:A级为20.006~20.009mm;B级为20.010~20.012mm;C级为20.013~20.015mm。

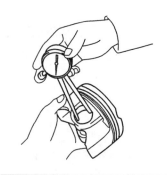

图3-61 检查活塞环端隙(2)　　图3-62 检查活塞销径向间隙(1)

②如图3-63所示,用千分尺测量活塞销直径。标准活塞销直径:20.004～20.013mm。如果直径不符合规定,则更换活塞销。活塞销直径分级如下:A级为20.004～20.007mm;B级为20.008～20.010mm;C经为20.011～20.013mm。

③如图3-64所示,用测径规测量连杆小头孔径。标准连杆小头孔径:20.012～20.021mm。如果直径不符合规定,则更换连杆。连杆小头孔径分级如下:A级为20.012～20.015mm;B级为20.016～20.018mm;C级为20.019～20.021mm。

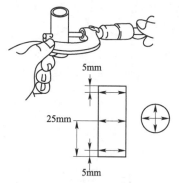

图3-63 检查活塞销径向间隙(2)　　图3-64 检查活塞销径向间隙(3)

④如图3-65所示,用活塞销孔直径测量值减去活塞销直径测量值。标准径向间隙:-0.001～0.005mm,最大径向间隙:0.010mm。如果径向间隙大于最大值,则更换连杆。如有必要,则成套更换活塞和活塞销。

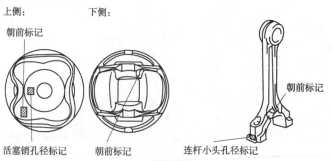

图3-65 检查活塞销径向间隙(4)

⑤用连杆小头孔径测量值减去活塞销直径测量值。标准径向间隙:0.005～0.011mm,最大径向间隙:0.014mm。如果径向间隙大于最大值,则更换连杆。如有必要,则成套更换连杆和活塞销。

(10)检查连杆螺栓。如图3-66所示,用游标卡尺测量螺栓受力部分的直径。标准直径:6.6～6.7mm,最小直径:6.4mm。如果直径小于最小值,则更换连杆螺栓。

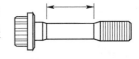

图3-66 检查连杆螺栓

(11)检查连杆分总成。用连杆校准器和塞尺检查连杆弯曲度。

①如图3-67所示,检查连杆弯曲度。最大连杆弯曲度:0.05mm/100mm。如果连杆弯曲度大于最大值,则更换连杆。

②如图3-68所示,检查连杆扭曲度。最大连杆扭曲度:0.15mm/100mm。如果连杆扭曲度大于最大值,则更换连杆。

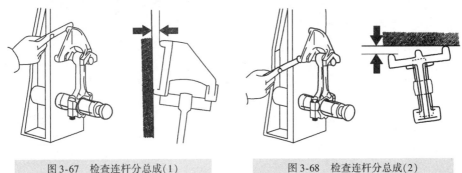

图3-67 检查连杆分总成(1)　　图3-68 检查连杆分总成(2)

(12)检查曲轴。

①如图3-69所示,用百分表和V形块测量曲轴径向圆跳动。曲轴最大径向圆跳动:0.03mm。如径向圆跳动大于最大值,则更换曲轴。

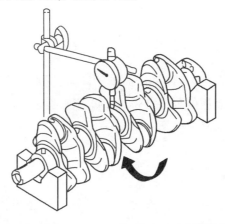

图3-69 检查曲轴(1)

②用千分尺测量各主轴颈的直径。标准直径:47.988～48.000mm。如果直径不符合规定,则检查曲轴径向间隙。标准直径(参考)如下(图3-70):标记0应为47.999～48.000mm;标记1应为47.997～47.998mm;标记2应为47.995～47.996mm;标记3应为

47.993～47.994mm；标记4应为47.991～47.992mm；标记5应为47.988～47.990mm。

③如图3-70所示,检查各主轴颈的径向圆跳动。最大径向圆跳动:0.004mm。如果径向圆跳动大于最大值,则更换曲轴。

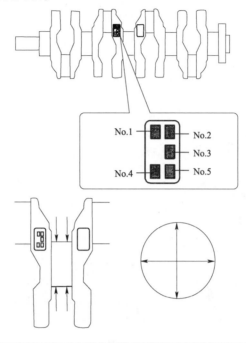

图3-70 检查曲轴(2)

④如图3-71所示,用千分尺测量各曲柄销的直径。标准直径:43.992～44.000mm。如果直径不符合规定,则检查连杆径向间隙。

⑤检查各曲柄销的径向圆跳动(图3-71)。最大径向圆跳动:0.004mm。如果径向圆跳动大于最大值,则更换曲轴。

(13)检查曲轴轴向间隙。

①安装主轴承盖。

②如图3-72所示,用螺丝刀来回撬动曲轴的同时,用百分表测量轴向间隙。标准轴向间隙:0.04～0.14mm,最大轴向间隙:0.18mm。如果轴向间隙大于最大值,则成套更换推力垫圈。注意:推力垫圈厚度为2.43～2.48mm。

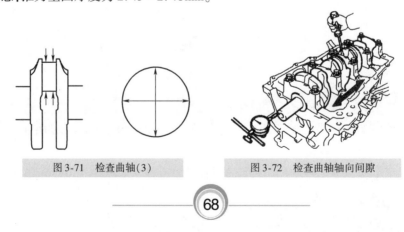

图3-71 检查曲轴(3)　　　　图3-72 检查曲轴轴向间隙

(14)检查曲轴径向间隙。

①检查曲轴轴颈和轴承是否有点蚀和划痕。

②安装曲轴轴承。

③将曲轴放到汽缸体上。

④如图3-73所示,将塑料间隙规摆放在各轴颈上。

⑤检查朝前标记和数字,并将轴承盖安装到汽缸体上。注意:各主轴承盖上都标有一个数字以指明其安装位置。

⑥安装主轴承盖。注意:不要转动曲轴。

⑦拆下主轴承盖。

图3-73 检查曲轴径向间隙(1)

⑧如图3-74所示,测量塑料间隙规最宽处。标准径向间隙:0.016~0.039mm,最大径向间隙:0.050mm。如果径向间隙大于最大值,则更换曲轴轴承。如有必要,则更换曲轴。注意:测量后完全拆下塑料间隙规。

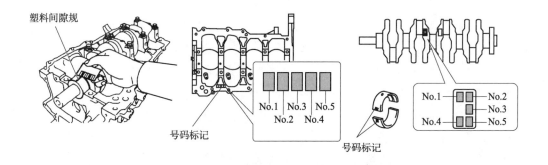

图3-74 检查曲轴径向间隙(2)

注意:如果更换轴承,则选择同号的新轴承。如果轴承号无法确定,则将汽缸体和曲轴上压印的号码相加,以计算正确的轴承号。然后根据表3-4所示,用计算的号码选择新轴承。有4种尺寸的标准轴承,分别标有"1""2""3"和"4"。例如:汽缸体"3" + 曲轴"5" = 总数8(使用3号轴承)。

选 用 新 轴 承　　　　　　　　　　　　　　　　表3-4

汽缸体号码 + 曲轴号码	0~2	3~5	6~8	9~11
将使用的轴承	"1"	"2"	"3"	"4"

标准汽缸体轴颈孔径如下:标记0应为52.000~52.003mm;标记1应为52.003~52.005mm;标记2应为52.005~52.007mm;标记3应为52.007~52.010mm;标记4应为52.010~52.012mm;标记5应为52.012~52.014mm;标记6应为52.014~52.016mm。标准曲轴轴颈直径如下:标记0应为47.999~48.000mm;标记1应为47.997~47.998mm;标记2应为47.995~47.996mm;标记3应为47.993~47.994mm;标记4应为47.991~47.992mm;标记5应为47.988~47.990mm。

标准轴承中心壁厚如下:标记1应为1.994~1.997mm;标记2应为1.998~2.000mm;标记3应为2.001~2.003mm;标记4应为2.004~2.006mm。

(15)检查汽缸盖固定螺栓。

①如图3-75所示,用游标卡尺测量螺栓受力部分的长度。标准螺栓长度:84.3~85.7mm,最大螺栓长度:86.7mm。如果螺栓长度大于最大值,则更换螺栓。

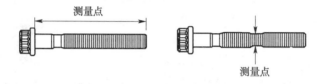

图3-75 检查汽缸盖固定螺栓

②用游标卡尺在测量点测量细长螺纹的最小直径。标准外径:9.77~9.96mm,最小外径:9.1mm。注意:用直尺目视检查曲轴轴承盖螺栓螺杆的较细部位。如果直径小于最小值,则更换螺栓。

(16)检查1号机油喷嘴分总成。检查机油喷嘴是否损坏或阻塞。注意:如果出现损坏或阻塞,则更换机油喷嘴。

3)活塞连杆组和曲轴飞轮组部件的安装

(1)安装1号机油喷嘴分总成(图3-48)。用5mm六角套筒扳手和螺栓安装机油喷嘴。

(2)安装活塞。

①如图3-76所示,用螺丝刀将新卡环安装到活塞销孔的一端。注意:确保卡环的端隙与活塞上的活塞销孔切口部位错开。

②逐渐加热活塞到80~90℃。

③如图3-77所示,对准活塞和连杆上的朝前标记,并用拇指推入活塞。注意:活塞和活塞销是一组配套件。

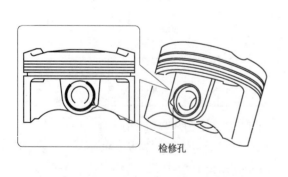

图3-76 活塞连杆组和曲轴飞轮组部件的安装(1)　　图3-77 活塞连杆组和曲轴飞轮组部件的安装(2)

④使用螺丝刀在活塞销孔的另一端安装一个新卡环。注意:确保卡环的端隙与活塞上

的活塞销孔切口部位错开。

⑤如图 3-78 所示,在活塞销上来回移动活塞,检查活塞和活塞销间的安装情况。

(3)安装活塞环组件。

①如图 3-79 所示,用手安装油环胀圈和油环刮片。注意:安装胀圈和油环,使其环端处于相反的两侧。将胀圈牢固安装至油环的内槽。

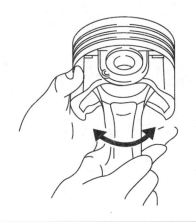

图 3-78　活塞连杆组和曲轴飞轮组部件的安装(3)　　图 3-79　活塞连杆组和曲轴飞轮组部件的安装(4)

②用活塞环扩张器安装 2 个压缩环,使油漆标记处于图 3-80 所示位置。注意:安装 1 号压缩环,使代码标记(A1)朝上。安装 2 号压缩环,使代码标记(A2)朝上。油漆标记仅在新活塞环上检查到。重新使用活塞环时,检查各活塞环外形,以将其安装至正确位置。

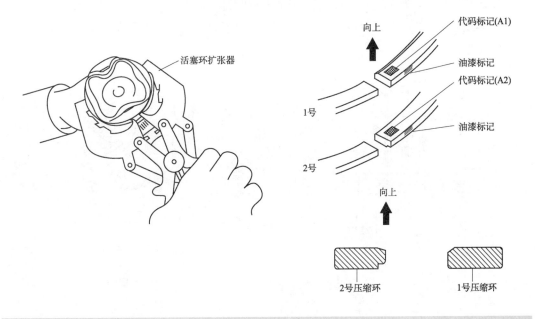

图 3-80　活塞连杆组和曲轴飞轮组部件的安装(5)

③放置活塞环以使活塞环端处于图 3-81 所示位置。

(4)安装曲轴轴承。

①安装上轴承(除3号轴颈外)。如图3-82所示,将带机油槽的上轴承安装到汽缸体上。用刻度尺测量汽缸体边缘和上轴承边缘间的距离。注意:不要在轴承和接触表面上涂抹发动机机油。尺寸 A 为 $0.5\sim1.0$ mm。

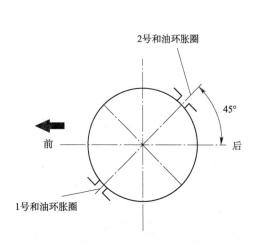

图3-81 活塞连杆组和曲轴飞轮组部件的安装(6)　　图3-82 活塞连杆组和曲轴飞轮组部件的安装(7)

②安装上轴承(3号轴颈)。如图3-83所示,将带机油槽的上轴承安装到汽缸体上。用游标卡尺测量汽缸体边缘和上轴承边缘间的距离。注意:不要在轴承和接触表面上涂抹发动机机油。尺寸 $A-B$ 为 0.7mm 或更小。

③安装下轴承。如图3-84所示,将下轴承安装到轴承盖上。用游标卡尺测量轴承盖边缘和下轴承边缘间的距离。尺寸 $A-B$ 为 0.7mm 或更小。注意:不要在轴承和接触表面上涂抹发动机机油

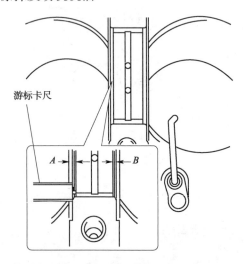 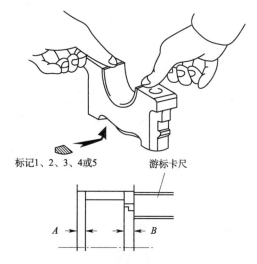

图3-83 活塞连杆组和曲轴飞轮组部件的安装(8)　　图3-84 活塞连杆组和曲轴飞轮组部件的安装(9)

(5)安装曲轴上推力垫圈。如图3-85所示,使机油槽向外,将2个推力垫圈安装到汽缸

体的3号轴颈下方。在曲轴推力垫圈上涂抹发动机机油。

(6)安装曲轴。

①在上轴承上涂抹发动机机油,并将曲轴安装到汽缸体上。

②在下轴承上涂抹发动机机油。

③如图3-86所示,检查数字标记,并将轴承盖安装到汽缸体上。

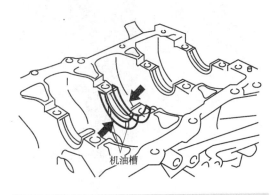

图3-85 活塞连杆组和曲轴飞轮组部件的安装(10)

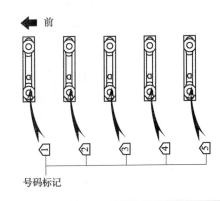

图3-86 活塞连杆组和曲轴飞轮组部件的安装(11)

④在轴承盖螺栓的螺纹上和轴承盖螺栓下涂抹一薄层发动机机油。

⑤如图3-87所示,暂时安装10个主轴承盖螺栓。

⑥如图3-88所示,标记2个内轴承盖螺栓并以此为导向,用手插入主轴承盖,直到主轴承盖和汽缸体间的间隙小于5mm。

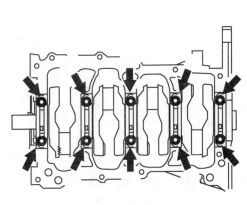

图3-87 活塞连杆组和曲轴飞轮组部件的安装(12)

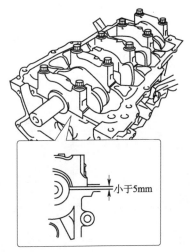

图3-88 活塞连杆组和曲轴飞轮组部件的安装(13)

⑦如图3-89所示,用塑料锤轻轻敲击轴承盖以确保正确安装。

⑧安装曲轴轴承盖螺栓。注意:主轴承盖螺栓的紧固分两步完成。

a.按图3-90所示顺序,安装并均匀紧固10个主轴承盖螺栓,拧紧力矩:40N·m。

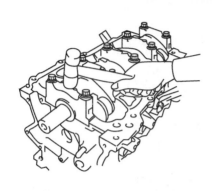 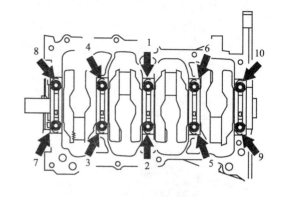

图3-89 活塞连杆组和曲轴飞轮组部件的安装(14)　　图3-90 活塞连杆组和曲轴飞轮组部件的安装(15)

b. 如图3-91所示，用油漆在轴承盖螺栓前端做标记。按图3-90所示数字顺序，将轴承盖螺栓再紧固90°。检查并确认油漆标记现在与前端成90°。检查并确认曲轴转动顺畅。

（7）安装连杆轴承。如图3-92所示，将连杆轴承安装到连杆和轴承盖上。用游标卡尺测量连杆边缘和轴承盖边缘与连杆轴承边缘间的距离。尺寸 $A-B$ 为0.7mm或更小。注意：不要在轴承和接触表面上涂抹发动机机油。

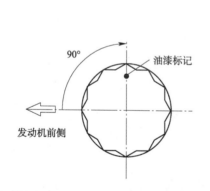 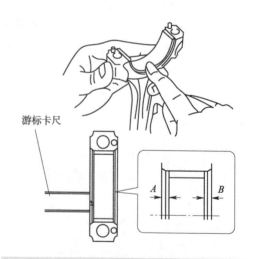

图3-91 活塞连杆组和曲轴飞轮组部件的安装(16)　　图3-92 活塞连杆组和曲轴飞轮组部件的安装(17)

（8）安装带连杆的活塞分总成。

①在汽缸壁、活塞、连杆轴承表面上涂抹发动机机油。

②放置活塞环以使活塞环端处于图3-54所示位置。注意：各活塞环端必须错开。

③如图3-93所示，使活塞朝前标记朝前，用活塞环压缩器将相应号的活塞和连杆总成压入汽缸内。注意：将连杆插入活塞时，不要使其接触机油喷嘴。使连杆盖与连杆的号相匹配。

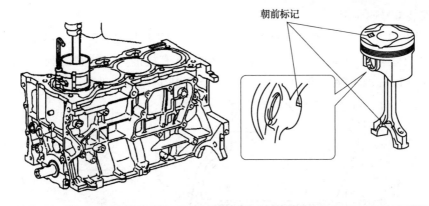

图3-93 活塞连杆组和曲轴飞轮组部件的安装(18)

④如图3-94所示,检查并确认连杆盖的凸起部分朝向正确的方向。
⑤在连杆盖螺栓的螺纹上和螺栓头下部涂抹一薄层发动机机油。
⑥安装连杆盖螺栓。注意:连杆盖螺栓的紧固分两步完成。

a.如图3-95所示,用SST 09205-16010,安装并分几次交替拧紧连杆盖螺栓,拧紧力矩:20N·m。

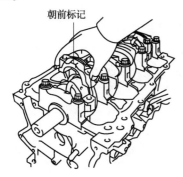

图3-94 活塞连杆组和曲轴飞轮组部件的安装(19)

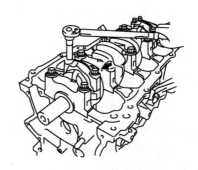

图3-95 活塞连杆组和曲轴飞轮组部件的安装(20)

b.用油漆在连杆盖螺栓前端做标记。如图3-96所示,将连杆盖螺栓再紧固90°。检查并确认曲轴转动顺畅。

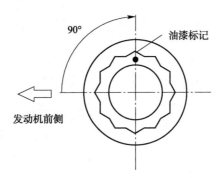

图3-96 活塞连杆组和曲轴飞轮组部件的安装(21)

(9) 安装 1 号通风箱。

①如图 3-97 所示,连续涂抹密封胶。密封胶:丰田原厂黑密封胶 Three Bond 1207B 或同等产品。密封直径:2.0mm。注意:清除接触面的所有机油。涂抹密封胶后 3min 内安装 1 号通风箱,15min 内紧固螺栓和螺母。安装后至少 2h 内不要起动发动机。

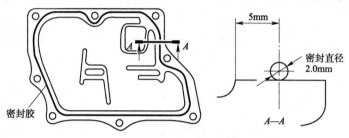

图 3-97 活塞连杆组和曲轴飞轮组部件的安装(22)

②用 6 个螺栓和 2 个螺母安装 1 号通风箱(图 3-33)。

复习思考题

1. 曲柄连杆机构的功用是什么?
2. 曲柄连杆机构由哪几部分组成?各部分主要包括哪些零部件?
3. 根据汽缸排列形式不同,汽缸体分为哪几种形式?各种形式的特点是什么?
4. 为什么有些发动机要镶汽缸套?汽缸套结构形式有几种?各有何特点?
5. 活塞由几部分组成?各部分结构特点是什么?
6. 活塞环有几种?各有何功用?
7. 活塞销的功用是什么?其结构特点有哪些?
8. 飞轮的功用是什么,其结构特点有哪些?
9. 传动带的检查(车上检查)方法有哪些?如何检查?

单元 4

配气机构的构造与维修

1. 掌握配气机构的功用、组成和工作原理；
2. 掌握气门组的各部件的功用和结构特点；
3. 掌握气门传动组的各部件的功用和结构特点；
4. 熟悉配气相位意义；
5. 了解可变配气相位的功用和工作原理

1. 熟悉正时链条和凸轮轴组件的维修方法；
2. 熟悉气门组件的维修方法。

4.1 配气机构的结构和工作原理

4.1.1 配气机构的功用和组成

配气机构的功用是按照发动机每一汽缸内所进行的工作循环或发火次序的要求，定时开启和关闭各汽缸的进、排气门，使新鲜可燃混合气（汽油机）或空气（柴油机）得以及时进入汽缸，废气得以及时从汽缸中排出。进入汽缸内的可燃混合气或空气对发动机性能的影响很大。进气量越多，发动机的转矩越大、功率越高。

配气机构如图4-1所示。配气机构由气门组和气门传动组组成。气门组包括气门、气门座、气门导管和气门弹簧等部件。气门传动组主要包括凸轮轴、凸轮轴正时带轮、正时齿形带、张紧轮、液压挺柱等部件。

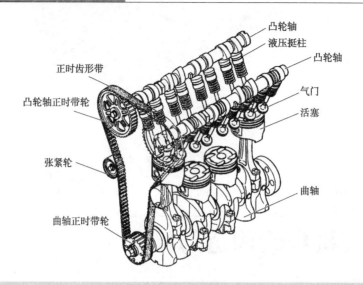

图 4-1 配气机构

发动机工作时,曲轴通过曲轴正时带轮、正时齿形带、凸轮轴正时带轮驱动凸轮轴旋转,当凸轮轴转到凸轮的凸起部分顶到液压挺柱时,通过液压挺柱,压缩气门弹簧,使气门离座,即气门开启。当凸轮凸起部分离开液压挺柱时,气门便在气门弹簧力的作用下上升而落座,气门关闭。

由于四冲程发动机每完成一个工作循环,曲轴旋转 2 周,而各缸进、排气门各开启 1 次,完成一次进气和排气,此时凸轮轴只旋转 1 周,因此,曲轴与凸轮轴的转速比为 2∶1,即凸轮轴正时带轮的齿数是曲轴正时带轮齿数的 2 倍。

4.1.2 配气机构的部件

4.1.2.1 气门组

气门及其相关零件称为气门组,气门组的作用是实现汽缸的密封。配置一个气门弹簧的标准型气门组如图 4-2 所示。

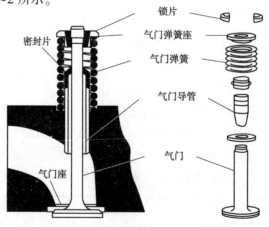

图 4-2 气门组

1)气门

(1)气门结构。气门的功用是与气门座相配合,对汽缸进行密封。气门由头部和杆部两部分组成(图4-3),头部用来封闭汽缸的进、排气道,杆部用来为气门的运动起导向作用。

①气门头部。气门头部的形状有平顶、喇叭形顶和球面顶,如图4-4所示。使用最多的是平顶气门头部,进、排气门均可采用。喇叭形顶头部多用于进气门,球面顶气门头部适用于排气门。

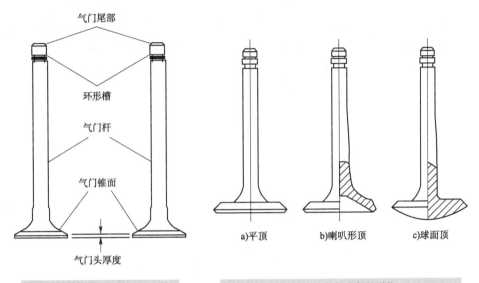

图4-3 气门结构　　　　图4-4 气门头部的形状

气门头部与气门座圈接触的工作面,是与杆部同心的锥面,通常将这一锥面与气门顶部平面的夹角称为气门锥角,如图4-5所示,一般制作成30°或45°。

考虑到进气阻力比排气阻力对发动机性能的影响大得多,为尽量减小进气阻力,一般进气门的尺寸略大于排气门,这是因为进气是利用活塞下移产生的真空来实现的,进气门大些,可提高进气效率;而排气是通过活塞上升将废气排出的,排气门即使是小一些也不会造成太大的影响。

②气门杆。气门杆是圆柱形,在气门导管中不断上、下往复运动。气门杆尾部结构取决于气门弹簧座的固定方式,常见的结构形式如图4-6所示。

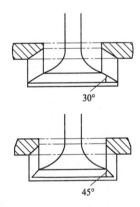

图4-5 气门锥角

(2)气门数。在短时间内能够将尽量多的气体吸入和排出,在很大程度上影响着发动机的整体性能。从气门在有限制的燃烧室表面积中所占的面积来看,与具有两个气门的汽缸相比,进排气门越多,则气门面积之和就越大,进、排气效率越高,而且可以使单个气门的体积减小,质量减轻。但气门数越多,结构越复杂,成本越高。

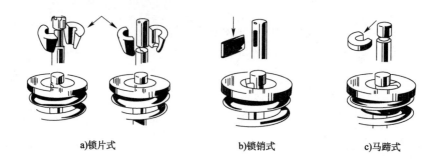

a)锁片式　　　　　b)锁销式　　　　　c)马蹄式

图4-6　气门弹簧座的固定方式

① 2气门式(图4-7)。每个汽缸采用一个进气门和一个排气门,一般进气门比排气门大些。桑塔纳2000GSi乘用车AJR发动机即采用此种形式。

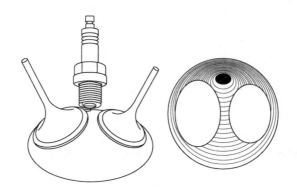

图4-7　2气门式的结构形式

② 3气门式(图4-8)。每个汽缸有2个进气门和1个排气门,排气门大对排出高温气体有利,能提高发动机排气性能。

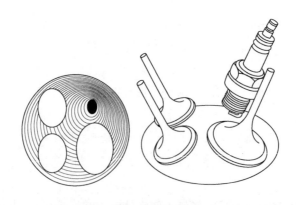

图4-8　3气门式的结构形式

③ 4气门式(图4-9)。每个汽缸有2个进气门和2个排气门,两套凸轮轴装置分别控制一组进、排气门的开闭。卡罗拉(1.6L)乘用车发动机即采用4气门结构形式。

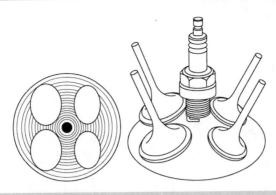

图4-9　4气门式的结构形式

④5气门式。每个汽缸有3个进气门和2个排气门,并以梅花开分布,如图4-10所示。捷达王乘用车EA113型发动机即采用5气门结构形式。

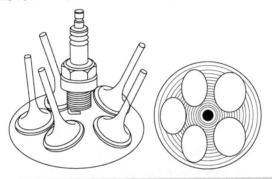

图4-10　5气门式的结构形式

2)气门座

汽缸盖上的进、排气道与气门锥面相结合的部位称为气门座(图4-11),气门座的锥角和气门锥角相同,一般也是30°或45°。气门座不仅有密封作用,还起到了冷却气门的作用。

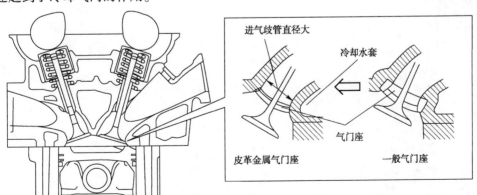

图4-11　气门座

3)气门导管

气门导管(图4-12)的功用是为气门的运动导向,保证气门作直线往复运动,使气门与气门座能正确贴合。气门杆与气门导管之间一般留有 0.05～0.12mm 的间隙,使气门杆能在导管中自由运动。

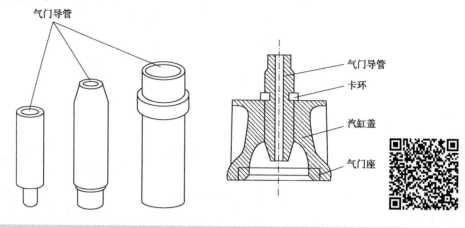

图 4-12　气门导管

4) 气门弹簧

气门弹簧的功用保证气门及时落座并与气门座或气门座圈紧密贴合,同时也可防止气门在发动机振动时因跳动而破坏密封。

气门弹簧多为圆柱形螺旋弹簧,如图 4-13a) 所示。安装时,气门弹簧的一端支撑在汽缸盖上,而另一端则压靠在气门杆尾端的弹簧座上,弹簧座用锁片固定在气门杆的末端。为了防止弹簧发生共振,可采用变螺距的圆柱形弹簧,如图 4-13b) 所示。大多数高速发动机是一个气门装有同心安装的内、外两个气门弹簧,如图 4-13c) 所示。这样不但可以防止共振,而且当一个弹簧折断时,另一个仍可维持工作。此外,还能减小气门弹簧的高度。当装用两个气门弹簧时,气门弹簧的螺旋方向和螺距应各不相同,这样可以防止折断的弹簧圈卡入另一个弹簧圈内。

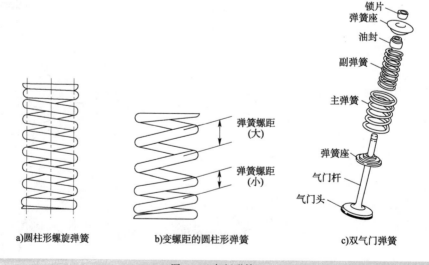

图 4-13　气门弹簧

4.1.2.2 气门传动组

气门传动组的作用是使气门按发动机配气相位规定的时刻及时开、闭,并保证规定的开启时间和开启高度。由于配气机构的布置形式多样,气门传动组的差别也很大。

1) 凸轮轴

(1) 凸轮轴结构。凸轮轴主要由各缸进排气凸轮、凸轮轴轴颈等组成,如图4-14所示。进排气凸轮用于使气门按一定的工作次序和配气相位及时开闭,并保证气门有足够的升程。

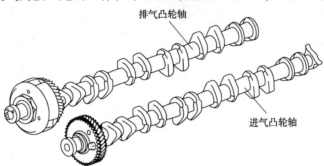

a) 直列6缸双凸轮轴顶置式(DOHC)用凸轮轴

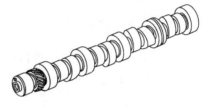

b) 直列4缸单凸轮轴顶置式(SOHC)用凸轮轴

图4-14 凸轮轴的结构

(2) 凸轮轴驱动方式。凸轮轴的旋转是依靠曲轴带动的,一般采用链条驱动式或正时齿形带驱动式,特殊的赛车用发动机使用的是正时齿轮驱动式。

① 链条驱动式(图4-15)。凸轮轴位于汽缸盖上,由曲轴带动的曲轴链轮,通过正时链条驱动凸轮轴上的链轮旋转,从而带动凸轮轴旋转。链条导槽和链条张紧装置将张力传递至链条,以调节链条的张紧度。卡罗拉(1.6L)乘用车发动机即采用链条驱动形式。

② 正时齿形带驱动式(图4-16)。由于正时齿形带是由强度大、不易变形的纤维和橡胶制成,具有质量轻、无噪声、不需要润滑等优点,所以被广泛使用。

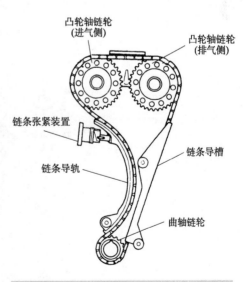

图4-15 链条驱动式

③**齿轮驱动式**(图 4-17)。齿轮驱动式是在曲轴和凸轮轴之间用齿轮将曲轴的旋转传递到凸轮轴的驱动形式,具有传动准确性更优、高速时可靠性高等优点;但制造精度高,成本高,现在仅限于赛车使用的发动机。

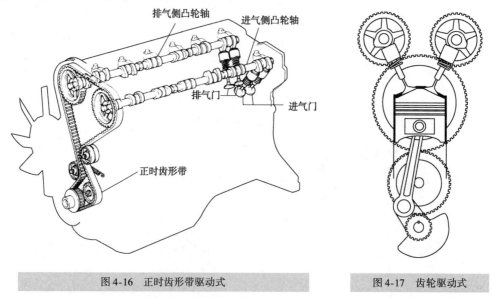

图 4-16　正时齿形带驱动式　　　　　图 4-17　齿轮驱动式

④**辅助齿轮驱动式**(图 4-18)。汽缸盖上一侧的凸轮轴由曲轴通过一根链条或一根正时齿形带来驱动,另一侧的凸轮轴由安装在凸轮轴上的齿轮来驱动,这种方式称为辅助齿轮驱动式。

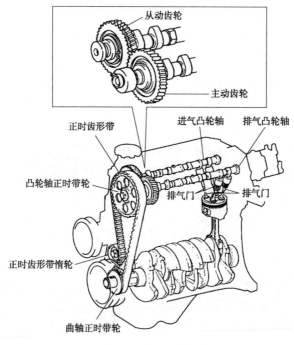

图 4-18　辅助齿轮驱动式

(3)凸轮轴安装位置与配气机构类型。根据凸轮轴安装位置的不同,可将配气机构分成以下4种类型。

①下置凸轮轴配气机构(图4-19)。下置凸轮轴配气机构是指进、排气门安装在汽缸盖上,而凸轮轴安装在汽缸体下部的配气机构。

发动机工作时,曲轴通过正时齿轮驱动凸轮轴正时齿轮和凸轮轴旋转。当凸轮的凸起部位顶起挺柱时,经推杆和气门间隙调整螺钉推动摇臂绕摇臂轴摆动,压缩气门弹簧使气门开启。当凸轮的凸起部离开挺柱时,气门在气门弹簧力的作用下逐渐关闭。

凸轮轴下置式配气机构的特点是:凸轮轴与曲轴位置靠近,可以简单地用一对齿轮传动,需要较长推杆、摇臂和摇臂轴等零部件,整个机构的刚度差。多用于转速较低的发动机,如货车用的柴油机等。

②中置凸轮轴配气机构(图4-20)。中置凸轮轴配气机构是指进、排气门安装在汽缸盖上,而凸轮轴安装在汽缸体中上部的配气机构。中置凸轮轴配气机构的凸轮轴一般采用链条传动或正时齿形带传动,采用短推杆或省去推杆,但需要摇臂和摇臂轴。

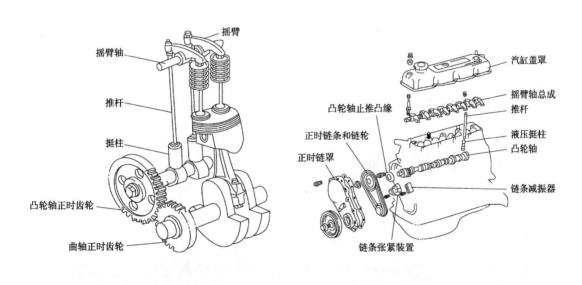

图4-19 下置凸轮轴配气机构　　　　图4-20 中置凸轮轴配气机构

③单顶置凸轮轴式配气机构(SOHC)。单顶置凸轮轴式配气机构(Single Over Head Camshaft,SOHC)是通过一根凸轮轴驱使进、排气门动作,其特征为气门和凸轮轴都设置在汽缸盖上。凸轮轴由正时链条或正时齿形带驱动,不需要推杆,摇臂和摇臂轴可有可无。

a. 单顶置凸轮轴、无摇臂和摇臂轴配气机构,如图4-21所示。凸轮轴通过液压挺柱直接驱动气门开启,无推杆和摇臂总成,气门排成一列。

b. 单顶置凸轮轴、单摇臂和摇臂轴配气机构,如图4-22所示。凸轮轴通过摇臂直接驱动气门开启,气门排成两列。

图 4-21　单顶置凸轮轴、无摇臂和摇臂轴配气机构

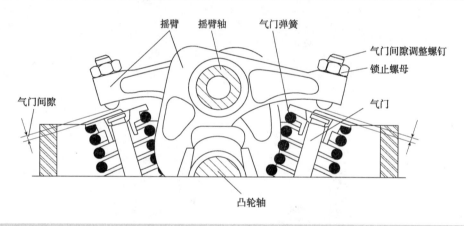

图 4-22　单顶置凸轮轴、单摇臂和摇臂轴配气机构

　　通常在发动机冷态装配时,在气门与其传动机构中,留有适当的间隙,以补偿气门受热后的膨胀量,这一预留间隙通常称为气门间隙。为了能够检查与调整气门间隙,一般在摇臂(或挺柱)上装有调整螺钉及其锁紧螺母。

　　c.单顶置凸轮轴、双摇臂和摇臂轴配气机构,如图 4-23 所示。凸轮轴分别通过进气摇臂和排气摇臂驱动进气门和排气门开启,由于进、排气门排成两列,所以驱动进、排气门的进气摇臂和排气摇臂分别安装在各自的摇臂轴上。

　　d.单顶置凸轮轴、有摇臂、无摇臂轴配气机构,如图 4-24 所示。凸轮轴位于摇臂上方,采用浮动式摇臂(只有摇臂而无摇臂轴),在摇臂上设有滚动轴承;摇臂与液压挺柱采用球面接触,并作为摇臂摆转的支点,气门排成一列。液压挺柱可以自动调整气门间隙(使气门间隙为 0),减少了噪声,但结构复杂。

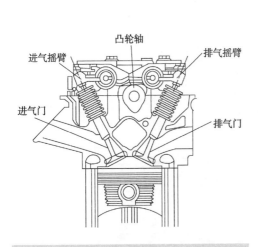
图4-23 单顶置凸轮轴、双摇臂和摇臂轴配气机构

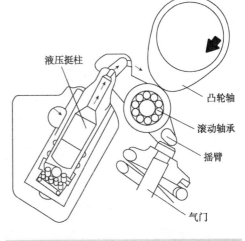
图4-24 单顶置凸轮轴、有摇臂、无摇臂轴配气机构

④双顶置凸轮轴式配气机构(DOHC),如图4-25所示。双顶置凸轮轴式(Double Over Head Camshaft,DOHC)进、排气门分别由各自的凸轮轴控制(气门排成两列),凸轮轴直接驱动气门,也可通过摇臂间接驱动气门。具有摇臂长度短、质量轻,以及驱动气门的相关部件易于适应高转速等优点。另外,由于进、排气凸轮轴是彼此相互独立的,所以增大了气门配置的自由度,火花塞可以设置在两个凸轮轴之间,即燃烧室的正中央。卡罗拉(1.6L)乘用车发动机的配气机构即为此种形式。

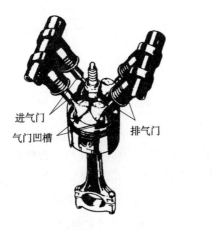 

a)DOHC式发动机进、排气门　　b)DOHC的传动机构

图4-25 双凸轮轴顶置式配气机构(DOHC)

(4)凸轮轴正时定位。如采用一对正时齿轮传动,小齿轮和大齿轮分别用键安装在曲轴和凸轮轴的前端,其传动比为2∶1。在装配曲轴和凸轮轴时,必须将齿轮正时标记对准,如图4-26所示,以保证正确的配气相位和点火时刻。

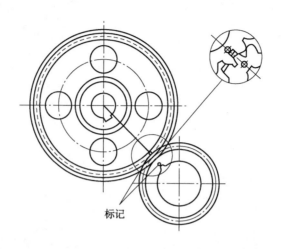

图 4-26　汽油机正时齿轮机构

凸轮轴上置式发动机的正时记号通常有两处：一处为曲轴正时记号；另一处为凸轮轴正时记号。安装时，两处都必须对正，如图 4-27 和图 4-28 所示。

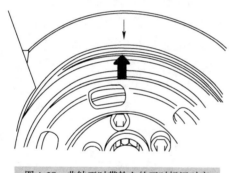

图 4-27　曲轴正时带轮上的正时标记对齐

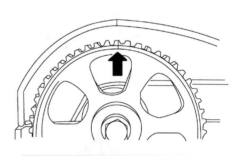

图 4-28　凸轮轴位置正时标记

2) 挺柱

挺柱的作用是将凸轮的推力传递给推杆或气门杆，并承受凸轮轴旋转时所施加的侧向力。挺柱可分为普通挺柱和液压挺柱两种。

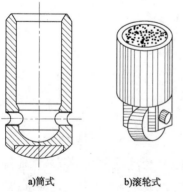

a) 筒式　　b) 滚轮式

图 4-29　普通挺柱

(1) 普通挺柱。配气机构采用的普通挺柱有筒式和滚轮式两种结构形式，如图 4-29 所示。筒式挺柱中间为空心，在挺柱圆周钻有通孔，便于筒内收集的机油流出对挺柱底面及凸轮加以润滑；滚轮式挺柱可以减少磨损，但结构较复杂，质量较大，多用于大缸径柴油机的配气机构上。

(2) 液压挺柱。乘用车发动机普遍采用液压挺柱，液压挺柱的长度能自动调整，故不需要预留气门间隙，也没有气门间隙调整装置。如图 4-30 所示。液压挺柱由挺柱体、油缸、柱塞、单向球阀、单向球阀弹簧和柱塞弹簧等部件组成。

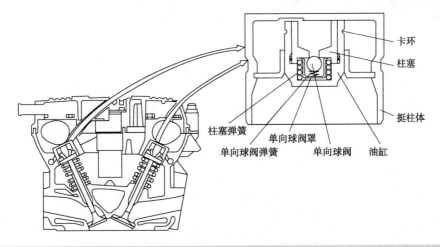

图 4-30　液压挺柱结构

液压挺柱的工作原理如图 4-31 所示。当凸轮轴转动,凸轮的凸起部分与挺柱顶面接触时,挺柱在凸轮推动力作用下向下移动,高压腔内的机油被压缩,单向球阀在压力差和单向球阀弹簧的作用下关闭,高、低压油腔被分隔开。由于液体的不可压缩性,整个挺柱如同一个刚体一样下移推开气门并保证气门升程。

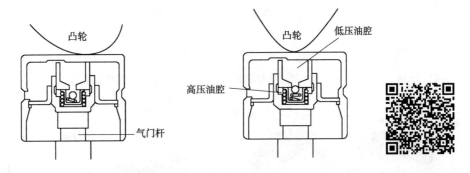

图 4-31　液压挺柱的工作原理

当挺柱开始上行返回时,在弹簧向上顶压和凸轮下压的作用下,高压油腔继续封闭,液压挺柱仍可认为是一个刚体,直至上行到凸轮处于基圆即气门关闭时为止。此时,汽缸盖主油道中的机油经量孔、斜油孔和挺柱体上的环形油槽再次进入挺柱的低压油腔,由于挺柱不再受凸轮推动力和气门弹簧力的作用,高压油腔中的机油与复位弹簧推动柱塞上行,高压油腔的油压下降,单向球阀打开,低压油腔中的机油流入高压油腔,使两腔连通充满机油。这时,液压挺柱的顶面仍然和凸轮表面紧贴,从而起到了补偿气门间隙的作用。

当气门受热膨胀时,柱塞和油缸作轴向相对运动,高压油腔中机油可经过油缸与柱塞间缝隙被挤入低压油腔。因此使用液压挺柱时,可以不预留气门间隙。

3) 推杆

在凸轮轴下置式或中置式的配气机构中,凸轮轴经挺柱传来的运动和作用力要通过推杆传递给摇臂。推杆可采用实心的,也可以采用空心的。推杆的结构形式如图 4-32 所示。

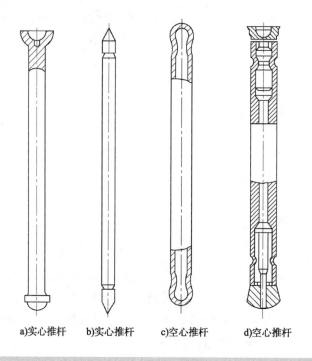

a)实心推杆　b)实心推杆　c)空心推杆　d)空心推杆

图 4-32　推杆

4)摇臂

摇臂的功用是将凸轮轴(或推杆)传来的力作用到气门杆尾部,推开气门。摇臂实际上是利用杠杆原理工作的,SOHC 和 DOHC 的不同之处在于摇臂轴位置不同,如图 4-33 所示。

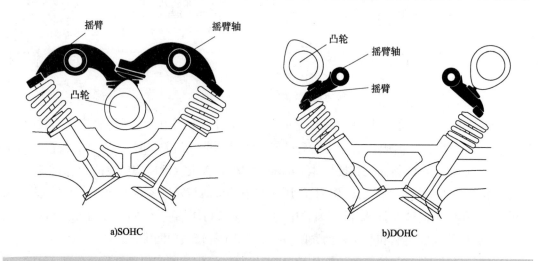

a)SOHC　　　　　　　　　　　　b)DOHC

图 4-33　摇臂

4.1.3　配气相位及可变的配气相位

4.1.3.1　配气相位

用曲轴转角表示的进、排气门实际开闭时刻和开启持续时间,称为配气相位。通常用相对于上、下止点曲拐位置的曲轴转角的环形图来表示，这种图形称为配气相位图，如图4-34所示。

理论上，进气门当曲拐处在上止点时开启，下止点时关闭；排气门则当曲拐处在下止点时开启，上止点时关闭。进气时间和排气时间各占180°曲轴转角。但实际上发动机转速很高，活塞每一行程历时相当短，短的时间势必会造成进气不足和排气不净，从而使发动机功率下降。因此，现代发动机都采取延长进、排气时间的方法。

1）进气门配气相位

（1）进气提前角 α。在排气行程接近终了、活塞到达上止点之前，进气门便开始开启。从进气门开启到活塞移到上止点所对应的曲轴转角，称为进气提前角 α。进气门提前开启的目的是保证进气行程开始时进气门已开大，减小进气阻力，使新鲜气体能顺利地充入汽缸。

（2）进气迟后角 β。在进气行程活塞到达下止点后，活塞又上行一段时间，进气门才关闭。从下止点到进气门关闭所对应的曲轴转角称为进气迟后角 β。进气门迟后关闭目的是由于活塞到达下止点时，汽缸内压力仍低于大气压力，且气流还有相当大的惯性，仍可以利用气流惯性和压力差继续进气。由此可见，进气门开启持续时间内的曲轴转角，即进气持续角度（$\alpha + 108° + \beta$）。α 角一般为 10°～30°，β 角一般为 30°～80°。

2）排气门配气相位

（1）排气提前角 γ。在做功行程接近终了，活塞到达下止点之前，排气门便开始开启。从排气门开始开启到活塞移至下止点所对应的曲轴转角称为排气提前角 γ。排气门提前开启的目的是当做功行程活塞接近下止点时，汽缸内的气体压力对做功的作用已经不大，但仍比大气压力高，可利用此压力使汽缸内的废气迅速地自由排出。

（2）排气迟后角 δ。在排气行程接近终了，活塞越过上止点后，排气门才关闭。从上止点到排气门关闭所对应的曲轴转角称为排气迟后角 δ。排气门迟后关闭的目的是由于活塞到达上止点时，汽缸内的残余废气压力高于大气压力，加之排气时气流有一定的惯性，仍可以利用气流惯性和压力差把废气排放得更干净。由此可见，排气门开启持续时间内的曲轴转角，即排气持续角度（$\gamma + 108° + \delta$）。γ 角一般为 40°～80°，δ 角一般为 10°～30°。

3）气门叠开

由于进气门在上止点前即开启，而排气门在上止点后才关闭，这就出现了在一段时间内，进、排气门同时开启的现象，这种现象称为气门叠开。由于新鲜气流和废气流的流动惯性都比较大，在短时间内是不会改变流向的，因此只要气门叠开角选择适当，就不会有废气倒流入进气管和新鲜气体随同废气排出的可能性。

4.1.3.2 可变配气相位

现代发动机有些具有可变的配气相位，进气门的开启和关闭时间可被调节。发动机转速高时,增大进气门的升程,提前开启和延迟关闭进气门,提高发动机的功率;发动机转速低时,减少进气门的升程,延迟开启和提前关闭进气门,提高发动机的转矩,以满足发动机对经济性、稳定性和减少排放污染物的要求。

1)奥迪 A6、上海帕萨特 B5 乘用车装备的 ANQ5 发动机可变气门正时机构

奥迪 A6、上海帕萨特 B5 乘用车装备的 ANQ5 发动机可变气门正时机构的结构如图 4-35 所示。它有 3 个进气门,排列位置错开,打开的时间也不同(中间的气门先打开),使发动机吸入的新鲜空气产生旋涡,加速和优化混合气的雾化,提高发动机的功率和转矩。

曲轴通过齿形带首先驱动排气凸轮轴旋转,排气凸轮轴通过链条驱动进气凸轮轴旋转,在两轴之间设置一个可变气门正时调节器,在内部液压缸的作用下,可变气门正时调节器可以上升和下降,以调整发动机进气凸轮轴的位置。液压缸的油路与汽缸盖上的油路连通,工作压力由可变气门正时电磁阀控制,而可变气门正时电磁阀由 ECU 进行控制。排气凸轮轴位置是不可调的。可变气门正时调节器结构如图 4-36 所示。

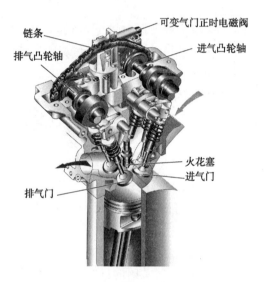

图 4-35　ANQ5 发动机配气机构

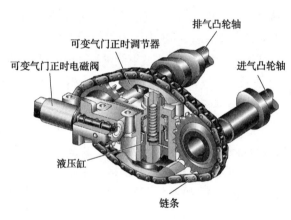

图 4-36　ANQ5 发动机可变气门正时调节器结构

可变气门正时调节器工作原理示意图如图 4-37 所示。图 4-37a)所示为功率位置(不进行调整时的位置),即高速状态。为了充分利用进气流的惯性,进气迟关角增大,链条的上部较长,而下部较短。排气凸轮轴首先要拉紧下部链条成为紧边,进气凸轮轴才能被排气凸轮轴带动。就在下部链条由松变紧的过程中,排气凸轮轴已转过了一个角度,进气凸轮才开始动作,进气门关闭得较迟,从而使发动机在高速时产生高功率。

图 4-37b)所示为转矩位置,即低速状态。通过可变气门正时调节器向下的运动来缩短上部链条而加长下部链条。由于排气凸轮轴受到正时齿形带制约不能转动,从而使进气凸轮轴偏转一个角度,较早关闭进气门,使发动机在中速和低速范围内能产生高转矩。

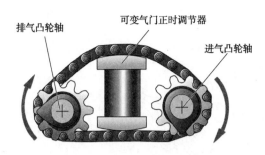

a) 发动机在高速状态时　　　　　b) 发动机在低速状态时

图 4-37　可变气门正时调节器工作原理示意图

2) 本田 ACCORD F22B1 发动机 VTEC 机构

本田汽车公司研制的"可变气门配气相位和气门升程电子控制系统",英文缩写为"VTEC",它是同时控制气门开闭时间及升程等两种不同情况的气门控制系统。与普通发动机相比,VTEC 发动机同样有 4 气门(2 进 2 排)、凸轮轴和摇臂等,不同的是凸轮与摇臂的数目及控制方法。

(1) VTEC 机构的结构。VTEC 机构的组成如图 4-38 所示。同一汽缸的两个进气门有主、次之分,即主进气门和次进气门。每个进气门通过单独的摇臂驱动,驱动主进气门的摇臂称为主摇臂,驱动次进气门的摇臂称为次摇臂,在主摇臂、次摇臂之间装有一个中间摇臂,中间摇臂不与任何气门直接接触,三个摇臂并列在一起组成进气摇臂总成。凸轮轴上相应有三个不同升程的凸轮分别驱动主摇臂、中间摇臂和次摇臂,凸轮轴上的凸轮也相应分为主凸轮、中间凸轮和次凸轮。在凸轮形状设计上,中间凸轮的升程最大,次凸轮的升程最小。主凸轮的形状适合发动机低速时主进气门单独工作时的配气相位要求,中间凸轮的形状适合发动机高速时主、次双进气门工作时的配气相位要求。

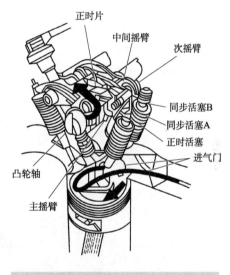

图 4-38　VTEC 机构的组成

正时片的功用是正时活塞处于初始位置和工作位置时,靠复位弹簧使正时片插入正时活塞相应的槽中,使正时活塞定位。

进气摇臂总成如图 4-39 所示,在三个摇臂靠近气门的一端均设有油缸孔,油缸孔中装有靠液压控制的正时活塞、同步活塞、阻挡活塞及弹簧。正时活塞一端的油缸孔与发动机的润滑油道连通,ECU 通过电磁阀控制油道的通、断。

VTEC 配气机构与普通配气机构相比,在结构上的主要区别是凸轮轴上的凸轮较多,且升程不等,进气摇臂总成的结构复杂。排气门的工作情况与普通配气机构相同。

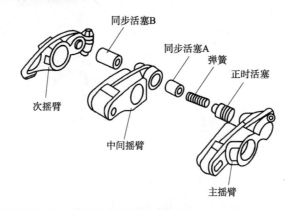

图 4-39　进气摇臂总成

(2) VTEC 机构的工作原理。可变配气相位控制系统的功能是：根据发动机转速、负荷等变化来控制 VTEC 机构工作,改变驱动同一汽缸两进气门工作的凸轮,以调整进气门的配气相位及升程,并实现单进气门工作和双进气门工作的切换。

发动机低速运转时,VTEC 机构电磁阀不通电,使油道关闭,机油压力不能作用在正时活塞上,在此摇臂油缸孔内的弹簧和阻挡活塞作用下,正时活塞和同步活塞 A 回到主摇臂油缸孔内,与中间摇臂等宽的同步活塞 B 停留在中间摇臂的油缸孔内,三个摇臂彼此分离,如图 4-40 所示。此时,主凸轮通过主摇臂驱动主进气门,中间凸轮驱动中间摇臂空摆;次凸轮的升程非常小,通过次摇臂驱动次进气门微量开启,其目的是防止次进气门附近积聚燃油。配气机构处于单进气门、双排气门工作状态,单进气门由主凸轮驱动。

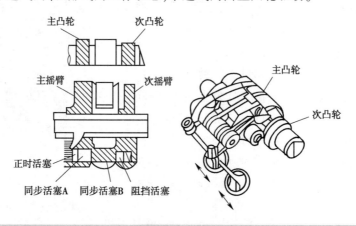

图 4-40　发动机低速运转时 VTEC 机构的工作状态

当发动机高速运转,且发动机转速、负荷、冷却液温度及车速达到设定值时,计算机控制电路向 VTEC 机构电磁阀供电,使电磁阀开启,来自润滑油道的机油压力作用在正时活塞一侧,由正时活塞推动两个同步活塞和阻挡活塞移动,两个同步活塞分别将主摇臂与中间摇臂、次摇臂与中间摇臂插接成一体,成为一个同步工作的组合摇臂,如图 4-41 所示。此时,由于中间凸轮升程最大,组合摇臂受中间凸轮驱动,两个进气门同步工作,进气门的配气相位和升程与发动机低速时相比,其升程、提前开启角和迟后关闭角均增大。

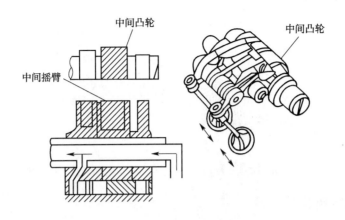

图 4-41　发动机高速运转时 VTEC 机构的工作状态

当发动机转速下降到设定值时,计算机控制电路切断 VTEC 机构电磁阀电流,正时活塞一侧的机油压力降低,各摇臂油缸孔内的活塞在复位弹簧作用下复位,三个摇臂又彼此分离而独立工作。

（3）VTEC 控制系统。VTEC 控制系统如图 4-42 所示。发动机 ECU 根据发动机转速、负荷、冷却液温度和车速信号控制 VTEC 机构电磁阀。电磁阀通电后,通过压力开关给 ECU 提供一个反馈信号,以便监控系统工作。

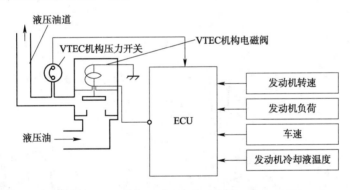

图 4-42　VTEC 控制系统中间凸轮中间摇臂

3）奔驰车系可变配气相位控制机构

德国奔驰车系 V12 发动机装用的可变配气相位控制机构如图 4-43 所示,该发动机共有 2 个进气凸轮轴和 2 个排气凸轮轴,采用链传动。它是通过改变进气凸轮轴与曲轴相对位置,来实现配气相位调节的。进气凸轮轴链轮与凸轮轴连接凸缘之间装有调节活塞,使链轮与凸轮轴之间形成非刚性连接;ECU 根据发动机转速信号、车速信号和挡位信号,通过电磁线圈和衔铁分别对左右 2 个进气凸轮轴配气相位进行控制;发动机工作中,ECU 控制电路使线圈通电时,线圈产生的电磁力通过衔铁对调节活塞施加转动力矩,使进气凸轮轴沿其旋转方向相对其驱动链轮转过一定角度,该凸轮轴驱动的进气门配气相位提前;反之,线圈断电时,则使配气相位推迟。

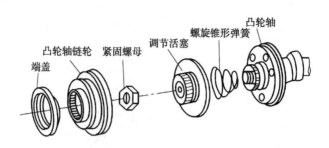

图4-43 德国奔驰车系V12发动机装用的可变配气相位控制机构

4.2 配气机构的维修

本单元以卡罗拉(1.6L)乘用车配气机构气门组件的维修为例进行说明。

4.2.1 正时链条和凸轮轴组件的维修

正时链条和凸轮轴组件相关部件分解图如图4-44～图4-49所示。

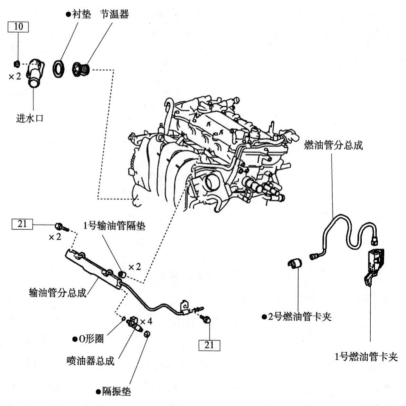

图4-44 正时链条和凸轮轴组件相关部件分解图(1)

单元 4 配气机构的构造与维修

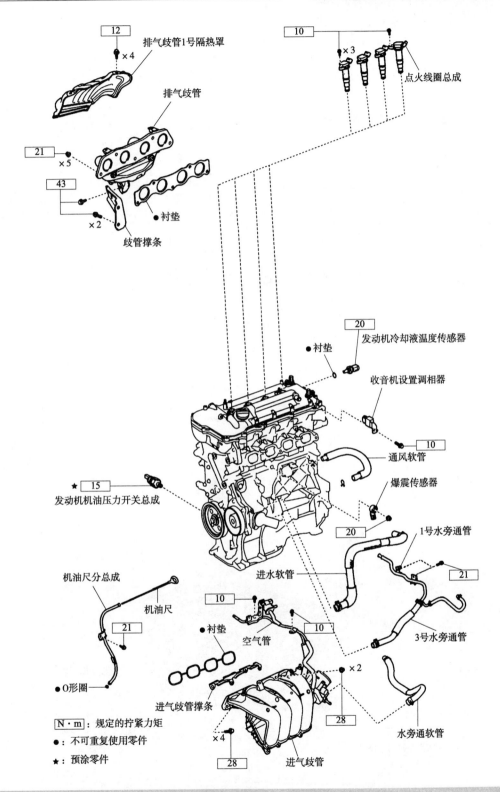

图 4-45 正时链条和凸轮轴组件相关部件分解图(2)

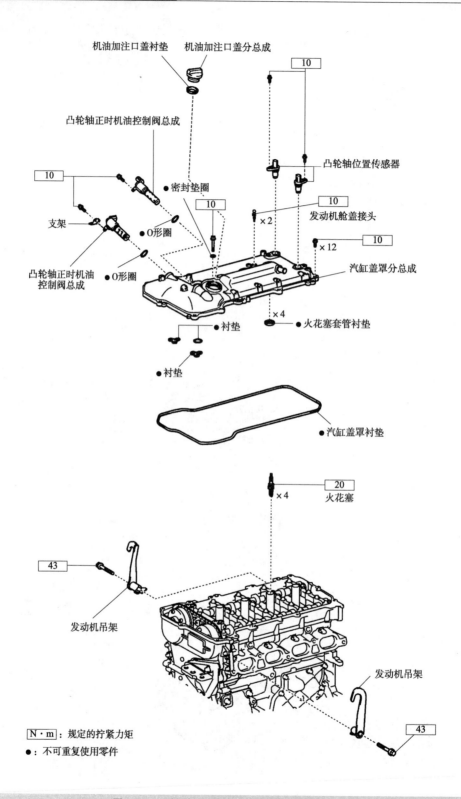

图4-46 正时链条和凸轮轴组件相关部件分解图(3)

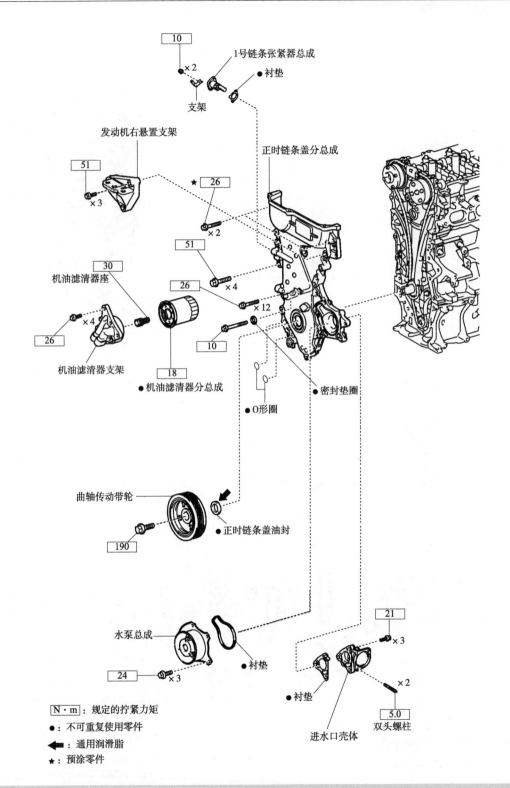

图 4-47 正时链条和凸轮轴组件相关部件分解图(4)

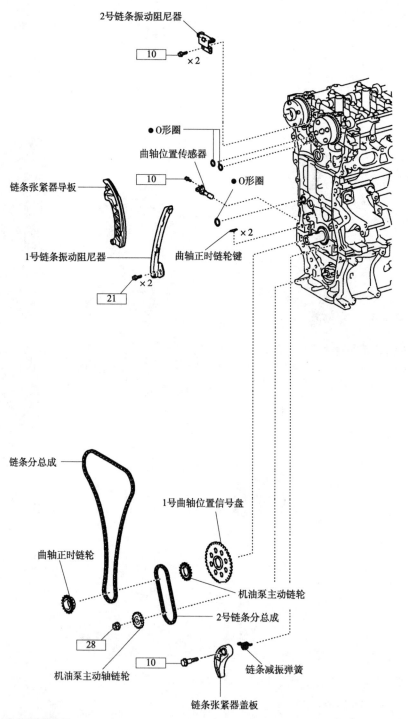

图4-48 正时链条和凸轮轴组件相关部件分解图(5)

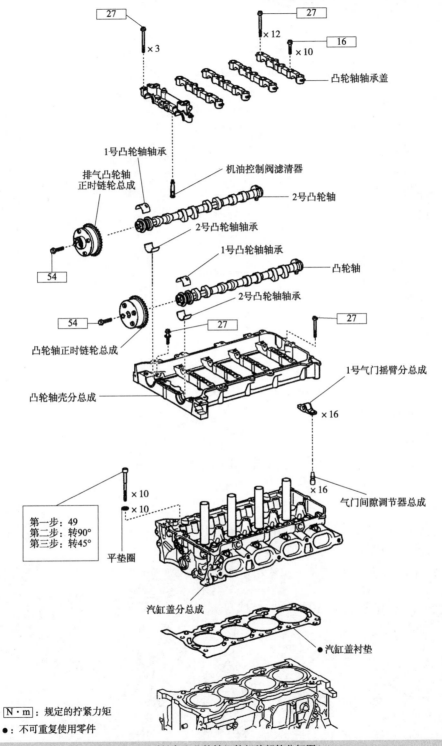

图 4-49　正时链条和凸轮轴组件相关部件分解图(6)

1)正时链条和凸轮轴组件的拆解

(1)拆卸带变速器的发动机总成。

(2)安装发动机台架。

(3)拆卸进气歧管。

(4)拆卸燃油管分总成。

(5)拆卸输油管分总成。

(6)拆卸喷油器总成。

(7)拆卸点火线圈总成。

(8)拆卸机油尺分总成。

(9)拆卸排气歧管1号隔热罩。

(10)拆卸歧管撑条。

(11)拆卸排气歧管。

(12)拆卸通风软管。

(13)拆卸3号水旁通软管。

(14)拆卸1号水旁通管。

(15)拆卸水旁通软管。

(16)拆卸进水软管。

(17)拆卸进水口。

(18)拆卸节温器。

(19)拆卸收音机设置调相器。

(20)拆卸汽缸盖罩分总成。

(21)拆卸汽缸盖罩衬垫。

(22)将1号汽缸设置到压缩上止点(TDC)位置。

(23)拆卸曲轴传动带轮。

(24)拆卸1号链条张紧器总成。如图4-50所示,拆下2个螺母、托架、张紧器和衬垫。
注意:不要在不使用链条张紧器的情况下转动曲轴。

(25)拆卸正时链条盖分总成。

①如图4-51所示,拆下3个螺栓和发动机悬置支架。

图4-50 正时链条和凸轮轴组件的拆卸(1)

图4-51 正时链条和凸轮轴组件的拆卸(2)

②如图4-52所示,拆下4个螺栓和机油滤清器支架。

③如图4-53所示,拆下2个O形圈。

图4-52 正时链条和凸轮轴组件的拆卸(3)　　　图4-53 正时链条和凸轮轴组件的拆卸(4)

④如图4-54所示,拆下19个螺栓。

⑤如图4-55所示,用螺丝刀撬动正时链条盖和汽缸盖或汽缸体之间的部位,拆下正时链条盖。注意:不要损坏正时链条盖、汽缸体和汽缸盖的接触面。在使用螺丝刀之前,在螺丝刀头部缠上胶带。

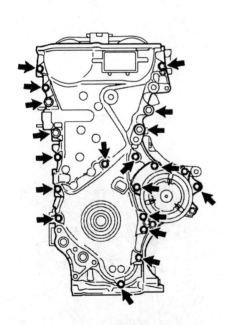
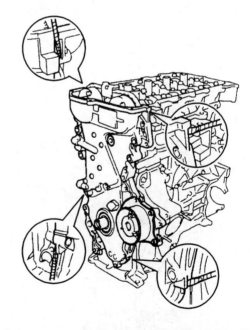

图4-54 正时链条和凸轮轴组件的拆卸(5)　　　图4-55 正时链条和凸轮轴组件的拆卸(6)

⑥如图4-56所示。拆下3个O形圈。

⑦如图4-57所示。拆下3个螺栓和水泵。

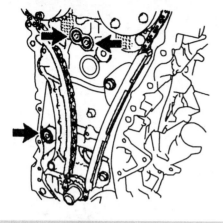

图 4-56　正时链条和凸轮轴组件的拆卸(7)

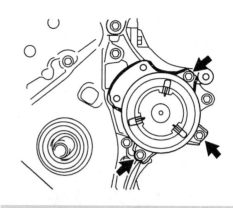

图 4-57　正时链条和凸轮轴组件的拆卸(8)

⑧如图 4-58 所示。拆下衬垫。

(26)拆卸正时链条盖油封。如图 4-59 所示,用螺丝刀和锤子拆下油封。

注意:小心不要损坏正时链条盖油封。使用螺丝刀之前,请在螺丝刀头部缠上胶带。

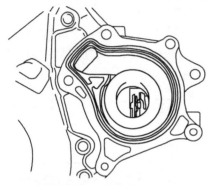

图 4-58　正时链条和凸轮轴组件的拆卸(9)

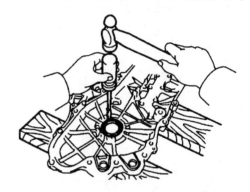

图 4-59　正时链条和凸轮轴组件的拆卸(10)

(27)如图 4-60 所示,拆卸链条张紧器导板。

(28)如图 4-61 所示,拆下 2 个螺栓和 1 号链条振动阻尼器。

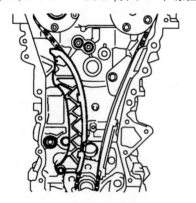

图 4-60　正时链条和凸轮轴组件的拆卸(11)

图 4-61　正时链条和凸轮轴组件的拆卸(12)

(29)拆卸链条分总成。

①如图4-62所示,用扳手固定住凸轮轴的六角头部分,并逆时针旋转凸轮轴正时链轮总成,以松开凸轮轴正时链轮之间的链条。

②链条松开时,将链条从凸轮轴正时链轮总成上松开,并将其放置在凸轮轴正时链轮总成上。注意:确保将链条从链轮上完全松开。

③顺时针转动凸轮轴,使其回到原来位置,并拆下链条。

(30)拆卸2号链条振动阻尼器。如图4-63所示,拆下2个螺栓和2号链条振动阻尼器。

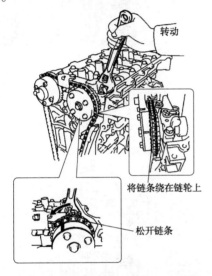

图4-62 正时链条和凸轮轴组件的拆卸(13)

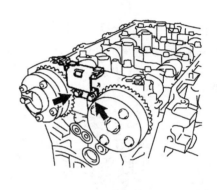

图4-63 正时链条和凸轮轴组件的拆卸(14)

(31)拆卸凸轮轴正时链轮总成。如图4-64所示,固定凸轮轴的六角头部分的同时,拆下凸缘螺栓,然后拆下凸轮轴正时链轮总成。注意:拆下凸轮轴正时链轮总成前,确保锁销已松开。不要拆下另外4个螺栓。将凸轮轴正时链轮总成从凸轮轴上拆下时,要使其保持水平状态。

(32)拆卸排气凸轮轴正时链轮总成。如图4-65所示,固定凸轮轴的六角头部分的同时,拆下凸缘螺栓,然后拆下排气凸轮轴正时链轮总成。注意:不要拆下另外4个螺栓。将排气凸轮轴正时链轮总成从凸轮轴上拆下时,要使其保持水平状态。

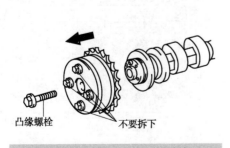

图4-64 正时链条和凸轮轴组件的拆卸(15)

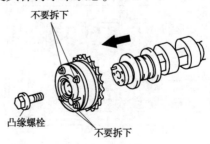

图4-65 正时链条和凸轮轴组件的拆卸(16)

(33) 拆卸凸轮轴轴承盖。

①按图 4-66 所示顺序，均匀地拧松并拆下 10 个轴承盖螺栓。

②按图 4-67 所示顺序，均匀地拧松并拆下 15 个轴承盖螺栓。注意：凸轮轴处于水平状态的同时均匀地拧松螺栓。

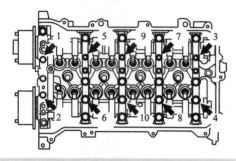

图 4-66　正时链条和凸轮轴组件的拆卸(17)　　图 4-67　正时链条和凸轮轴组件的拆卸(18)

③拆下 5 个轴承盖。注意：按正确的顺序摆放拆下的零件。

(34) 如图 4-68 所示。拆下凸轮轴。

(35) 如图 4-69 所示，拆下 2 号凸轮轴。

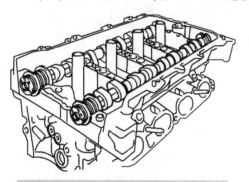
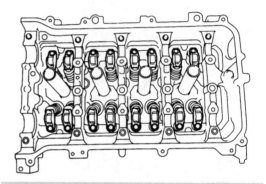

图 4-68　正时链条和凸轮轴组件的拆卸(19)　　图 4-69　正时链条和凸轮轴组件的拆卸(20)

(36) 拆卸 1 号气门摇臂分总成。如图 4-70 所示，拆下 16 个气门摇臂。注意：按正确的顺序摆放拆下的零件。

(37) 拆卸气门间隙调节器总成。如图 4-71 所示，从汽缸盖上拆下 16 个气门间隙调节器。注意：按正确的顺序摆放拆下的零件。

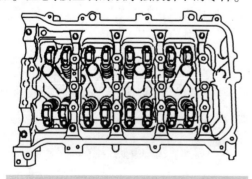
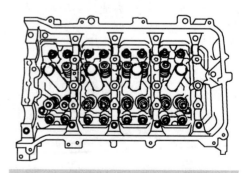

图 4-70　正时链条和凸轮轴组件的拆卸(21)　　图 4-71　正时链条和凸轮轴组件的拆卸(22)

(38)拆卸1号凸轮轴轴承。如图4-72所示,拆下2个1号凸轮轴轴承。

(39)拆卸2号凸轮轴轴承。如图4-73所示,拆下2个2号凸轮轴轴承。

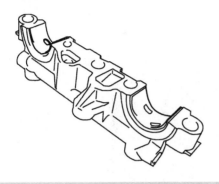

图4-72 正时链条和凸轮轴组件的拆卸(23)

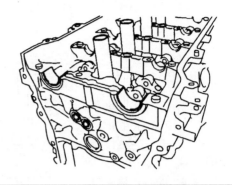

图4-73 正时链条和凸轮轴组件的拆卸(24)

(40)拆卸凸轮轴壳分总成。

①如图4-74所示。拆下2个螺栓。

②如图4-75所示,用螺丝刀撬动汽缸盖和凸轮轴壳之间的部位,拆下凸轮轴壳。注意:小心不要损坏汽缸盖和凸轮轴壳的接触面。使用螺丝刀之前,在螺丝刀头部缠上胶带。

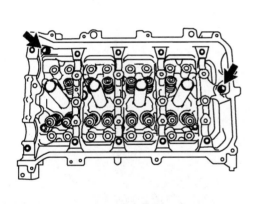

图4-74 正时链条和凸轮轴组件的拆卸(25)

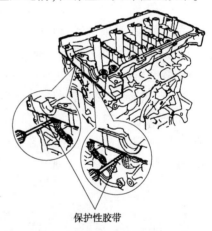

图4-75 正时链条和凸轮轴组件的拆卸(26)

2)正时链条和凸轮轴组件的检查

(1)检查1号气门摇臂分总成。如图4-76所示,用手转动滚针,检查转动是否平稳。注意:如果滚针转动不平稳,则更换气门摇臂分总成。

(2)检查气门间隙调节器总成。注意:使气门间隙调节器远离灰尘和异物。仅使用干净的发动机机油。

①将气门间隙调节器放入装有发动机机油的容器中。

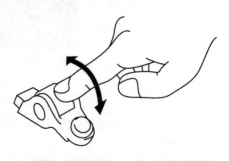

图4-76 检查1号气门摇臂分总成

②如图4-77所示,将SST 09276-75010顶端插入气门间隙调节器的柱塞中,并用顶端挤压柱塞中的单向球。

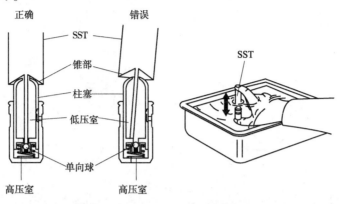

图4-77　检查气门间隙调节器总成

③将SST和气门间隙调节器压在一起,上下移动柱塞5~6次。

④检查柱塞的运动情况并放气。正常:柱塞上下移动。注意:从高压室放气时,确保SST的端部已如图4-77所示压住单向球。如果没有压住单向球,空气不会从高压室排出。

⑤放气后,拆下SST。然后用手指迅速且用力地按压柱塞。正常:柱塞很难移动。如果结果不符合规定,则更换气门间隙调节器。

(3)检查凸轮轴正时链轮总成。

①安装凸轮轴正时链轮。

②检查凸轮轴正时链轮的锁止情况。确认凸轮轴正时链轮锁止。

③松开锁销。

a. 如图4-78所示,用塑料带盖住凸轮轴颈上的4个油道。注意:凸轮轴凹槽内有4个油道。用橡胶块塞住其中3个油道。

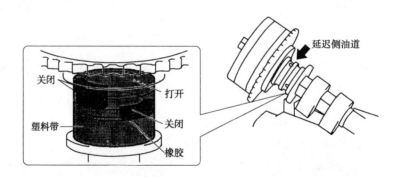

图4-78　检查凸轮轴正时链轮总成(1)

b. 在提前侧油道的胶带上刺一个孔,在延迟侧油道的胶带(即提前侧油道胶带的相对一侧)上刺一个孔。

c. 如图4-79所示,向油道施加约150kPa的气压时,向提前方向(逆时针)用力转动凸轮轴正时链轮总成。注意:施加压力时用布盖住通道以防止机油飞溅。不要锁止凸轮轴正时链轮总成。如果已锁止,则重新松开锁销。在没有施加力的情况下,凸轮轴正时链轮总成可能朝提前方向转动。如果由于孔口漏气而难以施加足够的气压,锁销可能难以松开。

④检查转动是否顺畅。在可移动范围(26.5°~28.5°)内旋转凸轮轴正时链轮2~3次,但不要将其转到最大延迟位置。确保链轮转动顺畅。注意:不要锁止凸轮轴正时链轮总成。如果已锁止,则重新松开锁销。

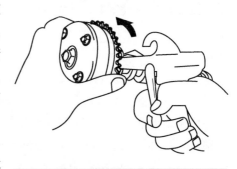

图4-79 检查凸轮轴正时链轮总成(2)

(4)检查排气凸轮轴正时链轮总成。

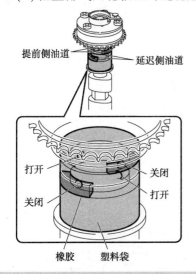

图4-80 检查排气凸轮轴正时链轮总成(1)

①安装凸轮轴正时链轮。

②检查排气凸轮轴正时链轮的锁止情况。确保排气凸轮轴正时链轮已锁止。

③松开锁销。

a. 如图4-80所示,用塑料带盖住凸轮轴颈上的4个油道。注意:凹槽内有4个油道。用橡胶块塞住2个油道。

b. 在提前侧油道的胶带上刺一个孔,在延迟侧油道的胶带(即提前侧油道胶带的相对一侧)上刺一个孔(图4-80)。

c. 如图4-81所示,向这2个穿透的油道(提前侧油道和延迟侧油道)施加大约200kPa的气压。注意:施加压力时用布盖住油道以防止机油飞溅。

d. 如图4-82所示,降低施加到提前侧油道的气压时,确保排气凸轮轴正时链轮朝延迟方向旋转。注意:锁销松开并且排气凸轮轴正时链轮朝延迟方向转动。

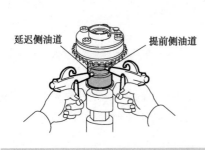

图4-81 检查排气凸轮轴正时链轮总成(2)

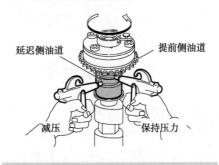

图4-82 检查排气凸轮轴正时链轮总成(3)

e. 排气凸轮轴正时链轮移动到最大延迟位置时,释放提前侧油道的空气压力,然后释放延迟侧油道的空气压力。注意:一定要先释放提前侧油道的空气压力。如果先释放延迟侧油道的空气压力,则排气凸轮轴正时链轮可能会突然转到提前方向,并且损坏锁销或其他零件。

④检查转动是否顺畅。在可移动范围(19°~21°)内转动排气凸轮轴正时链轮2~3次,但不要将其转到最大提前位置。确保链轮转动顺畅。注意:释放提前侧油道的空气压力,然后释放延迟侧油道的空气压力时,由于提前辅助弹簧的作用,链轮将自动回到最大提前位置并锁止。检查转动是否顺畅前,逐渐释放延迟侧油道的空气压力。

⑤检查在最大提前位置的锁止情况。确保排气凸轮轴正时链轮在最大提前位置锁止。

(5)检查链条分总成。

①如图4-83所示,用147N的力拉链条。

②用游标卡尺测量15个链节的长度。最大链条伸长率:115.2mm。注意:在任意3个位置进行测量。使用测量值的平均值。如果平均伸长率大于最大值,则更换链条。

(6)检查2号链条分总成。

①用147N的力拉链条(图4-83)。

②用游标卡尺测量15个链节的长度。最大链条伸长率:102.1mm。注意:在任意3个位置进行测量。使用测量值的平均值。如果平均伸长率大于最大值,则更换2号链条。

(7)检查机油泵主动链轮。如图4-84所示,将链条绕在链轮上,用游标卡尺测量链轮和链条的直径。最小链轮直径(带链条):48.2mm。注意:测量时,游标卡尺的测量爪必须与链轮接触。如果直径小于最小值,则更换链条和链轮。

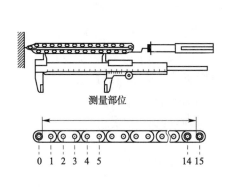

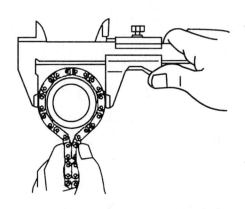

图4-83 检查链条分总成　　　图4-84 检查机油泵主动链轮

(8)检查机油泵主动轴链轮。如图4-85所示,将链条绕在链轮上,用游标卡尺测量链轮和链条的直径。最小链轮直径(带链条):48.8mm。注意:测量时,游标卡尺的测量爪必须与链轮接触。如果直径小于最小值,则更换链条和链轮。

(9)检查凸轮轴正时链轮总成。如图4-86所示,将链条绕在链轮上,用游标卡尺测量链轮和链条的直径。最小链轮直径(带链条):96.8mm。注意:测量时,游标卡尺的测量爪必须与链轮接触。如果直径小于最小值,则更换链条和链轮。

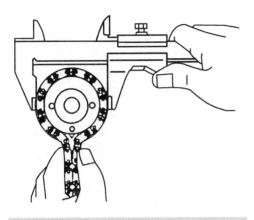

图4-85 检查机油泵主动轴链轮

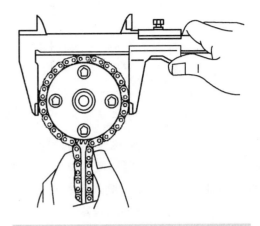

图4-86 检查凸轮轴正时链轮总成

(10)检查排气凸轮轴正时链轮总成。如图4-87所示,将链条绕在链轮上,用游标卡尺测量链轮和链条的直径。最小链轮直径(带链条):96.8mm。注意:测量时,游标卡尺的测量爪必须与链轮接触。如果直径小于最小值,则更换链条和链轮。

(11)检查曲轴正时链轮。将链条绕在链轮上,用游标卡尺测量链轮和链条的直径(图4-84)。最小链轮直径(带链条):51.1mm。注意:测量时,游标卡尺的测量爪必须与链轮接触。如果直径小于最小值,则更换链条和链轮。

(12)检查链条张紧器导板。如图4-88所示,用游标卡尺测量张紧器导板磨损量。最大磨损量:1.0mm。如果磨损量大于最大值,则更换链条张紧器导板。

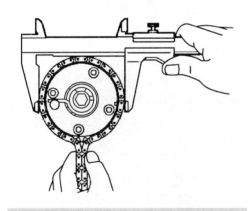

图4-87 检查排气凸轮轴正时链轮总成

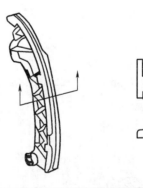

图4-88 检查链条张紧器导板

(13)检查1号链条振动阻尼器。如图4-89所示,用游标卡尺测量振动阻尼器磨损量。最大磨损量:1.0mm。如果磨损量大于最大值,则更换1号链条振动阻尼器。

(14)检查2号链条振动阻尼器。如图4-90所示,用游标卡尺测量振动阻尼器磨损量。最大磨损量:1.0mm。如果磨损量大于最大值。则更换2号链条振动阻尼器。

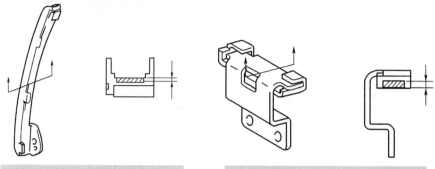

图4-89 检查1号链条振动阻尼器　　图4-90 检查2号链条振动阻尼器

(15)检查链条张紧器板。如图4-91所示。用游标卡尺测量链条张紧器板磨损量。最大磨损量:1.0mm。如果磨损量大于最大值。则更换链条张紧器板。

(16)检查1号链条张紧器。如图4-92所示,用手指提起棘轮爪时,检查并确认柱塞移动平稳。松开棘轮爪,检查并确认棘轮爪将柱塞锁止就位,且用手指推时不发生移动。

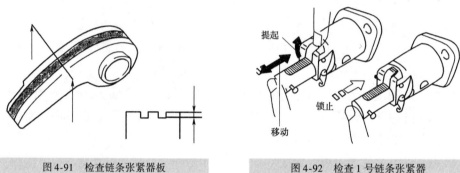

图4-91 检查链条张紧器板　　图4-92 检查1号链条张紧器

(17)检查凸轮轴。

①检查凸轮轴的径向圆跳动。如图4-93所示,将凸轮轴放在V形块上,用百分表测量中心轴颈的径向圆跳动。最大径向圆跳动:0.04mm。如果径向圆跳动大于最大值,则更换凸轮轴。

②检查凸轮凸角。如图4-94所示,用千分尺测量凸轮凸角的高度。标准凸轮凸角高度:42.816~42.916mm。最小凸轮凸角高度:42.666mm。如果凸轮凸角高度小于最小值,则更换凸轮轴。

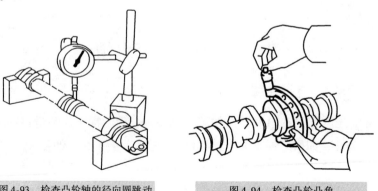

图4-93 检查凸轮轴的径向圆跳动　　图4-94 检查凸轮凸角

③检查凸轮轴轴颈。如图4-95所示,用千分尺测量轴颈的直径。1号轴颈标准直径:34.449~34.465mm;其他轴颈标准直径:22.949~22.965mm。如果轴颈直径不符合规定,则检查凸轮轴径向间隙。

(18)检查2号凸轮轴。

①检查2号凸轮轴的径向圆跳动。将2号凸轮轴放在V形块上,用百分表测量中心轴颈的径向圆跳动(图4-93)。最大径向圆跳动:0.04mm。如果径向圆跳动大于最大值,则更换2号凸轮轴。

②检查2号凸轮凸角。用千分尺测量凸轮凸角的高度(图4-84)。标准凸轮凸角高度:44.336~44.436mm。最小凸轮凸角高度:44.186mm。如果凸轮凸角高度小于最小值,则更换2号凸轮轴。

③检查2号凸轮轴轴颈。用千分尺测量轴颈的直径(图4-95)。1号轴颈标准直径:34.449~34.465mm;其他轴颈标准直径:22.949~22.965mm。如果轴颈直径不符合规定,则检查凸轮轴径向间隙。

3)正时链条和凸轮轴组件的重新装配

(1)安装气门间隙调节器总成。注意:将气门间隙调节器安装回原处。

(2)安装1号气门摇臂分总成。

①在气门间隙调节器端部和气门杆盖端上涂抹发动机机油。

②确保将气门摇臂安装至图4-96所示位置。

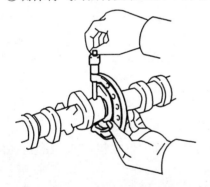

图4-95 检查凸轮轴轴颈

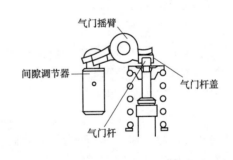

图4-96 正时链条和凸轮轴组件的重新装配(1)

(3)安装1号凸轮轴轴承。

①清洁轴承的双表面。

②安装2个1号凸轮轴轴承。

③如图4-97所示,用游标卡尺测量轴承盖边缘和凸轮轴轴承边缘间的距离。尺寸(A、B):0.7mm或更小。注意:通过测量尺寸A和B,将轴承固定至轴承盖中心。

(4)安装2号凸轮轴轴承。

①清洁轴承的双表面。

②安装2个2号凸轮轴轴承。

③如图4-98所示,用游标卡尺测量轴承盖边缘和凸轮轴轴承边缘间的距离。尺寸(A):1.05~1.75mm。注意:通过测量尺寸A,将轴承固定至轴承盖中心。

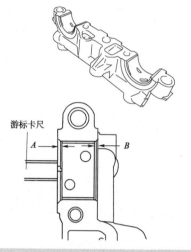

图4-97 正时链条和凸轮轴组件的重新装配(2)

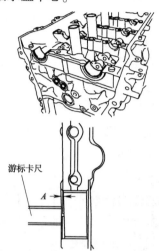

图4-98 正时链条和凸轮轴组件的重新装配(3)

(5)安装2号凸轮轴。

①清洁凸轮轴轴颈。

②在凸轮轴轴颈、凸轮轴壳和轴承盖上涂抹一薄层发动机机油。

③如图4-99所示,将2号凸轮轴安装到凸轮轴壳上。

(6)安装凸轮轴。

①清洁凸轮轴轴颈。

②在凸轮轴轴颈、凸轮轴壳和轴承盖上涂抹一薄层发动机机油。

③将凸轮轴安装到凸轮轴壳上(图4-98)。

(7)安装凸轮轴轴承盖。

①在凸轮轴轴颈、凸轮轴壳和轴承盖上涂抹发动机机油。

②确认各凸轮轴轴承盖上的标记和号码,并将其置于正确的位置和方向。注意:确保凸轮轴的锁销如图4-99所示安装。

③按图4-100所示顺序,紧固10个螺栓,拧紧力矩:16N·m。

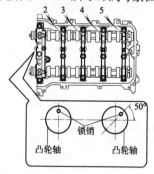

图4-99 正时链条和凸轮轴组件的重新装配(4)

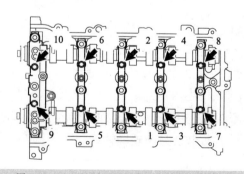

图4-100 正时链条和凸轮轴组件的重新装配(5)

(8)安装凸轮轴壳分总成。

①确保将气门摇臂按图4-96所示安装。

②如图4-101所示,连续涂抹密封胶。密封胶:丰田原厂黑密封胶 Three Bond1207B 或同等产品。密封直径:3.5~4.0mm。注意:清除接触面的所有机油。在涂抹密封胶后3min内安装凸轮轴壳分总成。安装后至少2h内不要起动发动机。

③如图4-102所示。固定凸轮轴和2号凸轮轴。

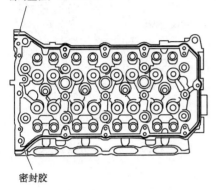

图4-101 正时链条和凸轮轴组件的重新装配(6)　　图4-102 正时链条和凸轮轴组件的重新装配(7)

④安装凸轮轴壳。并按图4-102所示顺序紧固17个螺栓,拧紧力矩:27N·m。注意:安装凸轮轴壳后,确保凸轮凸角按图4-102所示安装。如果在安装过程中任何螺栓松动,则拆下凸轮轴壳、清洁安装表面并重新涂抹密封胶。如果在安装过程中因螺栓松动而拆下凸轮轴壳,则应确保先前涂抹的密封胶未进入任何机油通道。安装凸轮轴壳后,拭去凸轮轴壳和汽缸盖之间渗出的密封胶。

(9)安装凸轮轴正时链轮总成。

①检查并确认锁销已安装在凸轮轴上。

②如图4-103所示,使直销和键槽不对准,将凸轮轴正时链轮和凸轮轴放置在一起。注意:不要用力推入凸轮轴正时链轮总成。这样可能导致凸轮轴锁销端部损坏凸轮轴正时链轮总成的安装表面。

③将凸轮轴正时链轮轻轻推向凸轮轴的同时,按图4-104所示方向旋转凸轮轴正时链轮。将直销进一步推入键槽中。注意:不要使凸轮轴正时链轮朝延迟方向(顺时针)转动。

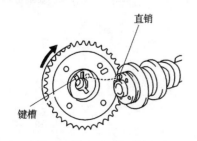 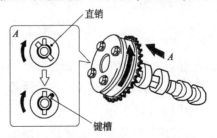

图4-103 正时链条和凸轮轴组件的重新装配(8)　　图4-104 正时链条和凸轮轴组件的重新装配(9)

④如图4-105所示,测量链轮和凸轮轴间的间隙。间隙:0.1~0.4mm。

⑤如图4-106所示,在凸轮轴正时链轮固定就位时,紧固凸缘螺栓,拧紧力矩:54N·m。

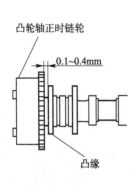

图4-105 正时链条和凸轮轴组件的重新装配(10)

图4-106 正时链条和凸轮轴组件的重新装配(11)

⑥如图4-107所示,检查并确认凸轮轴正时链轮可以朝延迟方向(顺时针)转动,并锁止在最大延迟位置。

(10)安装排气凸轮轴正时链轮总成。

①检查并确认锁销已安装在凸轮轴上。

②如图4-108所示,对准键槽和直销,然后将排气凸轮轴正时链轮和凸轮轴连接起来。

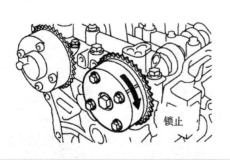

图4-107 正时链条和凸轮轴组件的重新装配(12)

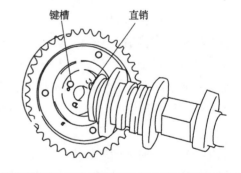

图4-108 正时链条和凸轮轴组件的重新装配(13)

③将链轮轻轻地压在凸轮轴上,并转动链轮。将直销进一步推入键槽中。注意:一定不要使排气凸轮轴正时链轮朝延迟方向(顺时针)转动。

④检查并确认链轮凸缘和凸轮轴间没有间隙。

⑤如图4-109所示,排气凸轮轴正时链轮固定住时,拧紧凸缘螺栓,拧紧力矩:54N·m。

⑥检查排气凸轮轴正时链轮的锁止情况。

⑦确保排气凸轮轴正时链轮已锁止。

（11）如图4-110所示，用2个螺栓（拧紧力矩：21N·m）安装1号链条振动阻尼器。

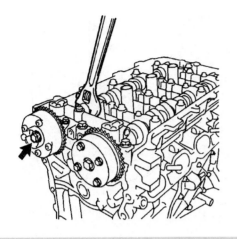

图4-109　正时链条和凸轮轴组件的重新装配(14)

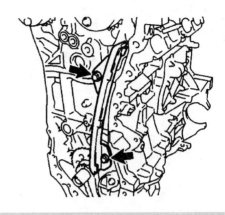

图4-110　正时链条和凸轮轴组件的重新装配(15)

（12）安装2号链条振动阻尼器。用2个螺栓安装2号链条振动阻尼器（图4-63），拧紧力矩：10N·m。

（13）安装链条分总成。

①检查1号汽缸的活塞压缩上止点(TDC)位置。

a. 暂时紧固曲轴传动带轮螺栓。

b. 如图4-111所示，逆时针转动曲轴，以使正时链轮键位于顶部。

c. 拆下曲轴传动带轮螺栓。

d. 如图4-112所示，检查每个凸轮轴正时链轮上的正时标记。

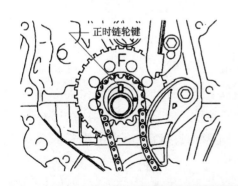

图4-111　正时链条和凸轮轴组件的重新装配(16)

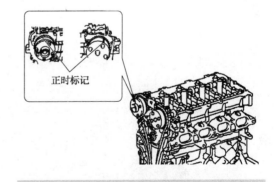

图4-112　正时链条和凸轮轴组件的重新装配(17)

②如图4-113所示，将标记板（橙色）和正时标记对准并安装链条。注意：确保使标记板位于发动机前侧。凸轮轴侧的标记板为橙色。不要使链条缠绕在凸轮轴正时链轮总成的链轮周围。只可将其放置在链轮上。将链条穿过1号振动阻尼器。

③如图4-114所示，将链条放在曲轴上，但不要使其缠绕在曲轴周围。

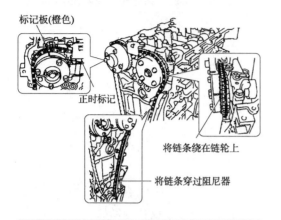

图4-113 正时链条和凸轮轴组件的重新装配(18)

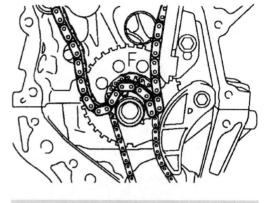

图4-114 正时链条和凸轮轴组件的重新装配(19)

④如图4-115所示,用扳手固定住凸轮轴的六角头部分,并逆时针旋转凸轮轴正时链轮总成,以使标记板(橙色)和正时标记对准。注意:确保使标记板位于发动机前侧。凸轮轴侧的标记板为橙色。

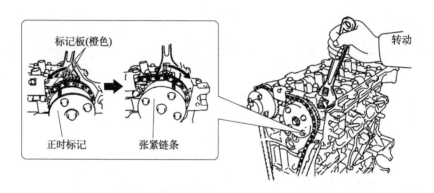

图4-115 正时链条和凸轮轴组件的重新装配(20)

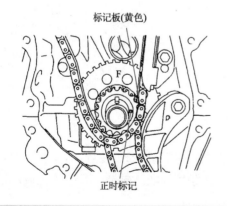

图4-116 正时链条和凸轮轴组件的重新装配(21)

⑤用扳手固定住凸轮轴的六角头部分,并顺时针旋转凸轮轴正时链轮总成。注意:为了张紧链条,缓慢地顺时针旋转凸轮轴正时链轮总成,防止链条错位。

⑥如图4-116所示,将标记板(橙色)和正时标记对准,并将链条安装至曲轴正时链轮。注意:曲轴侧的标记板为黄色。

⑦如图4-117所示,在压缩上止点(TDC)位置时,重新检查每个正时标记。

(14)安装链条张紧器导板(图4-60)。

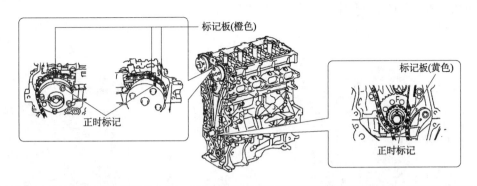

图 4-117 正时链条和凸轮轴组件的重新装配(22)

(15) 安装正时链条盖油封。

① 如图 4-118 所示,用 SST 09223-22010 敲入一个新油封,直到其表面与正时链轮箱边缘齐平。

② 在油封唇口上涂抹一薄层通用润滑脂。注意:使唇口远离异物,不要斜敲油封,确保油封边缘不伸出正时链条盖。

(16) 安装正时链条盖分总成。

(17) 安装曲轴传动带轮。

(18) 安装 1 号链条张紧器总成。

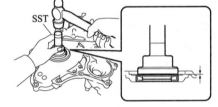

图 4-118 正时链条和凸轮轴组件的重新装配(23)

① 松开棘轮爪,然后完全推入柱塞,将挂钩固定在销上以使柱塞位于图 4-119 所示位置。注意:确保凸轮固定在柱塞的第一个齿上,使挂钩穿过销。

② 如图 4-120 所示,用 2 个螺母安装一个新衬垫、支架和 1 号链条张紧器,拧紧力矩:10N·m。注意:如果安装链条张紧器时挂钩松开柱塞,重新固定挂钩。

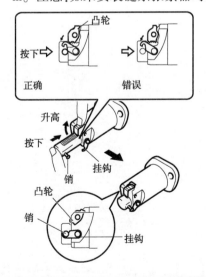

图 4-119 正时链条和凸轮轴组件的重新装配(24)

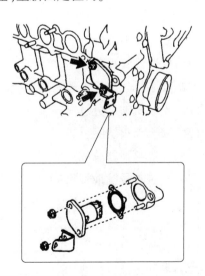

图 4-120 正时链条和凸轮轴组件的重新装配(25)

③如图4-121所示,逆时针转动曲轴,然后从挂钩上断开柱塞锁销。

④如图4-122所示,顺时针转动曲轴,然后检查并确认柱塞伸出。

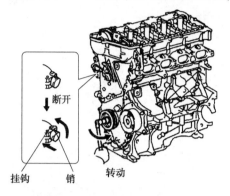

图4-121　正时链条和凸轮轴组件的重新装配(26)

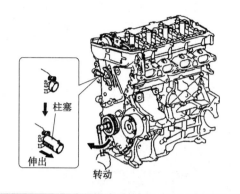

图4-122　正时链条和凸轮轴组件的重新装配(27)

(19)安装汽缸盖罩衬垫。

(20)安装汽缸盖罩分总成。

(21)安装收音机设置调相器。

(22)安装节温器。

(23)安装进水口。

(24)安装进水软管。

(25)安装水旁通软管。

(26)安装1号水旁通管。

(27)安装3号水旁通软管。

(28)安装通风软管。

(29)检查排气歧管。

(30)安装排气歧管。

(31)安装歧管撑条。

(32)安装排气歧管1号隔热罩。

(33)安装机油尺分总成。

(34)安装点火线圈总成。

(35)安装喷油器总成。

(36)安装1号输油管隔垫。

(37)安装输油管分总成。

(38)安装燃油管分总成。

(39)安装进气歧管。

(40)拆卸发动机台架。

(41)安装带变速器的发动机总成。

4.2.2 气门组件的维修

气门组件的分解图如图 4-123 所示。

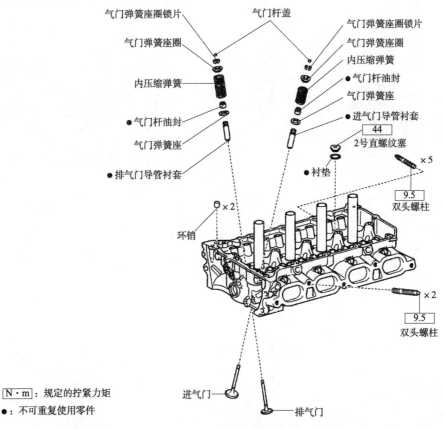

图 4-123 气门组件的分解图

1)气门组件的拆卸

(1)拆卸气门杆盖。如图 4-124 所示,从汽缸盖上拆下气门杆盖。注意:按正确的顺序摆放拆下的零件。

(2)拆卸进气门。如图 4-125 所示,用 SST 09202-70020(09202-00010)和木块压缩并拆下气门座圈锁片。拆下弹簧座圈、气门弹簧和气门。注意:按正确的顺序摆放拆下的零件。

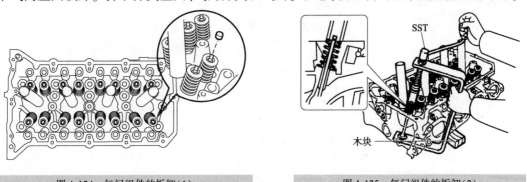

图 4-124 气门组件的拆卸(1)　　　　图 4-125 气门组件的拆卸(2)

(3) 拆卸排气门。如图 4-126 所示,用 SST 09202-70020(09202-00010)和木块压缩并拆下气门座圈锁片。拆下弹簧座圈、气门弹簧和气门。注意:按正确的顺序摆放拆下的零件。

(4) 拆卸气门杆油封。如图 4-127 所示,用尖嘴钳拆下油封。

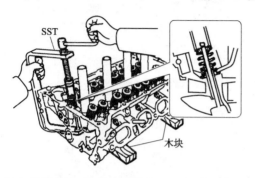

图 4-126 气门组件的拆卸(3)　　　　图 4-127 气门组件的拆卸(4)

(5) 拆卸气门弹簧座。如图 4-128 所示,用压缩空气和磁棒,吹入空气以拆下气门弹簧座。

(6) 拆卸 2 号直螺纹塞。如图 4-129 所示,用 10mm 六角扳手拆下 3 个直螺纹塞和 3 个衬垫。注意:如果直螺纹塞漏水或螺纹塞腐蚀,则将其更换。

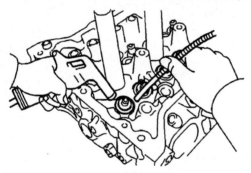 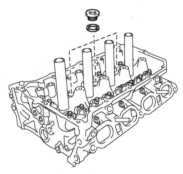

图 4-128 气门组件的拆卸(5)　　　　图 4-129 气门组件的拆卸(6)

2) 气门组件的检查

(1) 检查气门座(图 4-130)。

① 在气门锥面上涂抹一薄层普鲁士蓝。

② 使气门锥面轻压气门座。

图 4-130 检查气门座

③ 按下列步骤检查气门锥面和气门座。

a. 如果整个 360°气门锥面均出现普鲁士蓝,则气门锥面是同心的。否则,更换气门。

b. 如果整个 360°气门座均出现普鲁士蓝,则气门导管和气门锥面是同心的。否则,重修气门座表面。

c. 检查并确认进气门座接触面在气门锥面的中部。进气门座宽度:1.0~1.4mm。

d. 检查并确认排气门座接触面在气门锥面的中部。排气门座宽度:1.0~1.4mm。

(2)检查凸轮轴轴向间隙。

①安装凸轮轴。

②如图4-131所示,来回移动凸轮轴的同时,用百分表测量轴向间隙。进排气凸轮轴的标准轴向间隙:0.06~0.155mm。最大轴向间隙:0.17mm。如果轴向间隙大于最大值,则更换凸轮轴壳。如果推力面损坏,则更换凸轮轴。

(3)检查凸轮轴径向间隙。

①清洁轴承盖和凸轮轴轴颈。

②将凸轮轴放到凸轮轴壳上。

③如图4-132所示,将塑料间隙规摆放在各凸轮轴轴颈上。

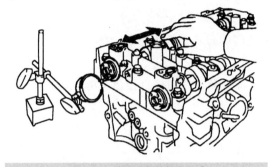

图4-131 检查凸轮轴轴向间隙

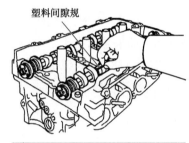

图4-132 检查凸轮轴径向间隙(1)

④安装轴承盖。注意:不要转动凸轮轴。

⑤拆下轴承盖。

⑥如图4-133所示,测量塑料间隙规最宽处。凸轮轴1号轴颈的标准径向间隙:0.030~0.063mm;最大径向间隙:0.085mm。凸轮轴其他轴颈的标准径向间隙:0.035~0.072mm;最大径向间隙:0.09mm。注意:检查后完全清除塑料间隙规。如果径向间隙大于最大值,则更换凸轮轴。如有必要,则更换汽缸盖罩。

(4)检查压缩弹簧。

①如图4-134所示,使用游标卡尺测量气门弹簧的自由长度。自由长度:53.36mm。如果自由长度不符合规定,则更换气门弹簧。

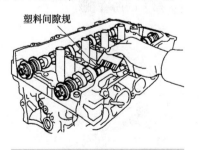

图4-133 检查凸轮轴径向间隙(2)

图4-134 检查压缩弹簧(1)

②如图4-135所示,使用直角尺测量气门弹簧的偏移量。最大偏移量:1.0mm。如果偏

移量大于最大值,则更换气门弹簧。

(5)检查进气门。

①如图4-136所示,使用衬垫刮刀,刮除气门头部上的所有积炭。

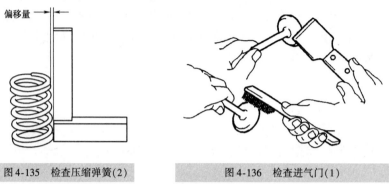

图4-135 检查压缩弹簧(2)　　　图4-136 检查进气门(1)

②如图4-137所示,使用游标卡尺测量气门的总长。标准总长:109.34mm。最小总长:108.84mm。如果总长小于最小值,则更换气门。

③如图4-138所示,使用千分尺测量气门杆直径。气门杆直径:5.470~5.485mm。如果气门杆直径不符合规定,则检查径向间隙。

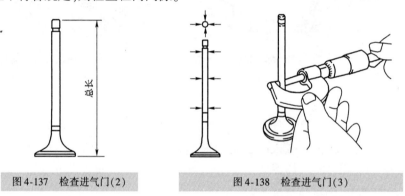

图4-137 检查进气门(2)　　　图4-138 检查进气门(3)

④如图4-139所示,使用游标卡尺测量气门头部边缘厚度。标准边缘厚度:1.0mm。最小边缘厚度:0.5mm。如果边缘厚度小于最小值,则更换气门。

(6)检查排气门。

①如图4-140所示,使用衬垫刮刀,刮除气门头部上的所有积炭。

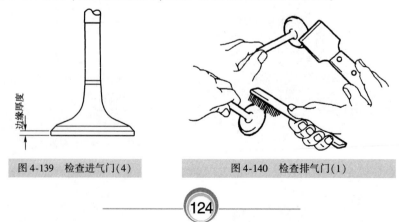

图4-139 检查进气门(4)　　　图4-140 检查排气门(1)

②如图4-141所示,使用游标卡尺测量气门的总长。标准总长:108.25mm。最小总长:107.75mm。如果总长小于最小值,则更换气门。

③如图4-142所示,使用千分尺测量气门杆直径。气门杆直径:5.465~5.480mm。如果气门杆直径不符合规定,则检查径向间隙。

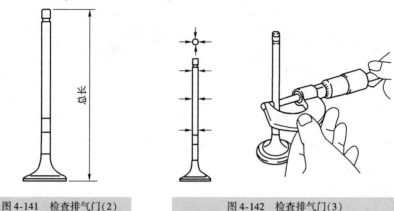

图4-141 检查排气门(2)　　　　图4-142 检查排气门(3)

④如图4-143所示,使用游标卡尺测量气门头部边缘厚度。标准边缘厚度:1.01mm。最小边缘厚度:0.5mm。如果边缘厚度小于最小值,则更换气门。

(7)检查气门导管衬套径向间隙。

①如图4-144所示,使用测径规测量气门导管衬套的内径。衬套内径:5.510~5.530mm。

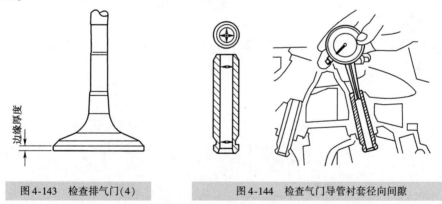

图4-143 检查排气门(4)　　　　图4-144 检查气门导管衬套径向间隙

②用导管衬套内径测量值减去气门杆直径测量值。进气门导管标准径向间隙:0.025~0.060mm;最大径向间隙:0.080mm。排气门导管标准径向间隙:0.030~0.065mm;最大径向间隙:0.085mm。如果间隙大于最大值,则更换气门和导管衬套。

3)气门座的维修

注意:检查气门落座位置的同时维修气门座,使唇口远离异物。

(1)如图4-145所示,用45°铰刀修整气门座表面,使气门座宽度大于规定值。

(2)如图4-146所示,用30°和75°铰刀修整气门座,使气门可以接触到气门座的整个圆周。应在气门座的中心接触,且气门座宽度应保持在气门座整个圆周周围的规定范围内。

进、排气门座宽度:1.0~1.4mm。

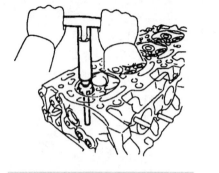

图4-145 气门座的维修(1)

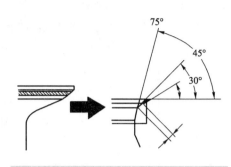

图4-146 气门座的维修(2)

(3)用研磨剂对气门和气门座进行手动研磨。

(4)检查气门落座位置。

4)气门组件的安装

(1)安装2号直螺纹塞(图4-129)。用10mm六角扳手安装3个新衬垫和3个直螺纹塞。

(2)将气门弹簧座安装到汽缸盖上。

(3)安装气门杆油封。

①如图4-147所示,在新油封上涂抹一薄层发动机机油。注意:安装进气门和排气门油封时应特别注意。例如,将进气门油封安装至排气侧或将排气门油封安装至进气侧,会导致以后的安装故障。进气门油封为灰色,排气门油封为黑色。

②如图4-148所示,用SST 09201-41020压入油封。注意:若不用SST会造成油封损坏或安装不到位。

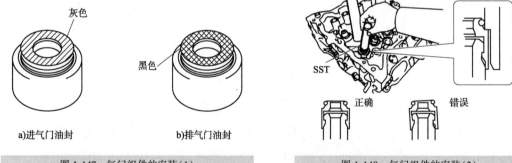

图4-147 气门组件的安装(1)　　　　图4-148 气门组件的安装(2)

(4)安装进气门。

①如图4-149所示,在进气门的顶部涂抹足量发动机机油。将气门、压缩弹簧和弹簧座圈安装到汽缸盖上。注意:将原来的零件按照原来的组合安装到原位。

②如图4-150所示,用SST 09202-70020(09202-00010)和木块压缩弹簧并安装2个座圈锁片。

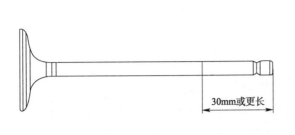

图 4-149 气门组件的安装(3)

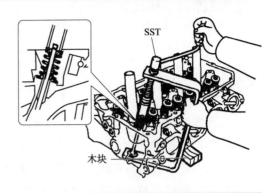

图 4-150 气门组件的安装(4)

③如图 4-151 所示,用塑料锤轻敲气门杆顶部以确保安装到位。注意:不要损坏气门杆顶部,不要损坏座圈。

(5)安装排气门。

①如图 4-152 所示,在排气门的顶部涂抹足量发动机机油。将气门、压缩弹簧和弹簧座圈安装到汽缸盖上。注意:将原来的零件按照原来的组合安装到原位。

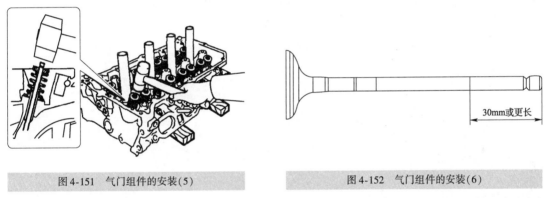

图 4-151 气门组件的安装(5)　　　　　　图 4-152 气门组件的安装(6)

②如图 4-153 所示,用 SST 09202-70020(09202-00010)和木块压缩弹簧并安装 2 个座圈锁片。

③如图 4-154 所示,用塑料锤轻敲气门杆顶部以确保安装到位。注意:不要损坏气门杆顶部,不要损坏座圈。

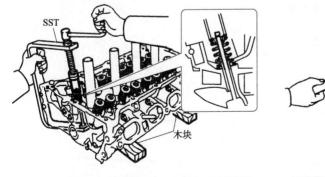

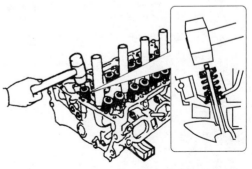

图 4-153 气门组件的安装(7)　　　　　　图 4-154 气门组件的安装(8)

(6)安装气门杆盖。在气门杆盖上涂抹一薄层发动机机油;将气门杆盖安装到汽缸盖上。

复习思考题

1. 配气机构的功用是什么?配气机构主要由哪些部件组成?
2. 气门的功用是什么?其结构特点是什么?
3. 气门弹簧的功用是什么?有几种类型?
4. 凸轮轴的驱动方式有几种?
5. 按凸轮轴安装位置的不同,配气机构分几种类型?各有何特点?
6. 液压挺柱的结构特点和工作原理是什么?
7. 什么是配气相位?
8. ANQ5发动机可变气门正时机构的结构特点和工作原理是什么?
9. 气门组件的检查项目和方法是什么?
10. 如何维修气门座?

单元 5

汽油机电控燃油喷射系统的构造与维修

1. 掌握汽油机电控燃油喷射系统的功用和组成；
2. 熟悉汽油的主要性能指标和选用方法；
3. 掌握空气供给系统主要部件的结构和工作原理；
4. 掌握排气系统主要部件的结构和工作原理；
5. 掌握燃油供给系统主要部件的结构和工作原理；
6. 掌握点火系统主要部件的结构和工作原理；
7. 掌握电子控制系统主要部件的结构和工作原理。

能力目标

1. 熟悉空气供给系统主要部件的维修方法；
2. 熟悉燃油供给系统主要部件的维修方法；
3. 熟悉点火系统主要部件的维修方法；
4. 熟悉控制系统主要部件的维修方法。

5.1 汽油机电控燃油喷射系统的结构和工作原理

5.1.1 汽油机电控燃油喷射系统的功用和组成

5.1.1.1 汽油机电控燃油喷射系统的功用和组成

汽油机电控燃油喷射系统的功用是根据发动机各工况的不同要求，配制一定数量和浓度的可燃混合气并将其供入汽缸,使之在压缩终了时点火、燃烧而膨胀做功,最后将燃烧后的废气排入大气中。

汽油机电控燃油喷射系统由空气供给系统、排气系统、燃油供给系统、点火系统和电子控制系统等组成,如图5-1所示。

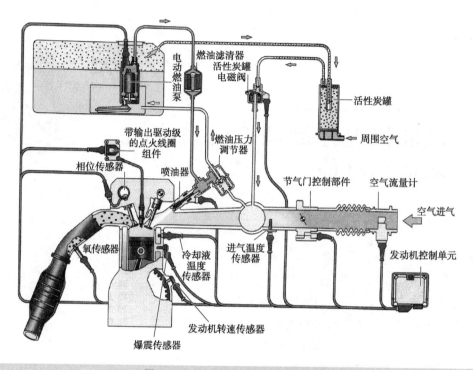

图5-1　汽油机电控燃油喷射系统示意图

驾驶人通过踩踏加速踏板来控制节气门开度,从而控制发动机汽缸的进气量,空气经空气滤清器、空气流量计、节气门进入进气总管,再分配到各缸进气歧管,然后进入各汽缸。空气流量计检测进入汽缸的空气量,节气门位置传感器检测节气门开度,这两个信号作为燃油喷射的主要信息输入控制单元(ECU),由ECU计算出主喷油量,再根据冷却液温度传感器、进气温度传感器、氧传感器、爆震传感器等输入的信息,ECU对主喷油量进行必要的修正,确定出实际喷油量。

燃油从燃油箱中被燃油泵吸出,先由燃油滤清器将杂质滤除后再通过输油管、燃油分配管等输送到各个喷油器。喷油器则根据ECU发出的指令,将计量后的燃油喷入各进气歧管中与流入发动机内的空气进行混合,形成可燃混合气供入汽缸,点火系统在压缩接近终了时,火花塞点燃可燃混合气,可燃混合气燃烧做功,最后将废气通过排气管、排气消声器等排入大气中。

5.1.1.2　汽油机电控燃油喷射系统的分类

按汽油喷射位置的不同,电控燃油喷射系统可分为进气管喷射、缸内直接喷射和复合喷射3种类型。

1)进气管喷射

进气管喷射是将喷油器安装在进气歧管上(图5-2),喷油器将燃油喷射在进气门前,燃油在此与空气充分混合然后再进入燃烧室并进行充分燃烧。这种系统喷射油压力较低,一般不超过1MPa,目前大部分汽油发动机都采用这种喷射方式。

(1)进气管喷射的优点:

①对燃油品质要求相对较低,因为燃油与空气可以在进气歧管内部进行充分的混合,这样更有助在燃烧室内进行充分的燃烧。

②自清洁能力强,由于在进气歧管内进行油气混合,不免在管壁上会有沉积,但进气歧管相对汽缸自清洁能力更强且人为清理也更为容易。

图5-2 进气管喷射

③由于在进气歧管内进行油气混合,汽缸积炭更少,延长了汽缸的寿命。

(2)进气管喷射的缺点:

①油耗高,由于在进气歧管内进行油气混合,进入汽缸后不免有损失,这样增加了油耗。

②由于油气混合的位置不同,进气管喷射油气混合后,密度相对缸内直接喷射小,造成发动机动力相对较弱。

2)缸内直接喷射

缸内直接喷射又称FSI(Fuel Stratified Injection),即燃油分层喷射技术。在不同汽车品牌中各自有着不同的学名,比如奔驰CGI/Blue DIRECT、宝马HPI、奥迪TFSI、大众TSI、通用SIDI、福特EcoBoost、三菱GDI、丰田D4、本田Earth Dreams Technology、尼桑DIG、现代GDI等。

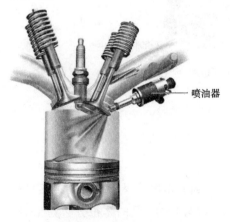

图5-3 缸内直接喷射

缸内直接喷射是将喷油器的喷油嘴安装于汽缸内(图5-3),直接将燃油喷入汽缸内与进气混合,这样喷射压力进一步提高(10~20MPa),燃油雾化更加细致(<20μm),真正实现了精准地按比例控制喷油并与进气混合,并且消除了进气管喷射的缺点。同时,喷油嘴位置、喷雾形状、进气气流控制,以及活塞顶形状等特别的设计,使油气能够在整个汽缸内充分、均匀的混合,从而使燃油充分燃烧,能量转化效率更高。缸内直接喷射可以进一步提高汽油机热效率与降低汽油机排放,并且消除了进气管喷射油气混合比例难控导致燃油浪费、冷起动排放污染严重等问题。

(1)缸内直接喷射的优点:

①油耗更低,缸内直接喷射技术拥有的自主喷油控制能力,能够使发动机在各种工作状

况之下都拥有更高效的燃油利用率,这样也间接降低了油耗。

②功率更大,缸内直接喷射可以使油气燃烧更加直接,相对进气管喷射而言,发动机功率大致可以提高10%~15%。

(2)缸内直接喷射的缺点:

①积炭相对较严重,由于燃油直接喷射在汽缸内,导致汽缸内壁会更容易积炭,对发动机维护有更高的要求,维护成本增加。

②对油品要求更高,由于直接将油气喷射在汽缸内,对燃油质量要求比较高,需要使用更高标号的燃油,否则对汽缸的损害会更大。

③零部件结构复杂、精密度高,价格较贵。

3)复合喷射

复合喷射是同时采用进气管喷射和缸内直接喷射两种方式的燃油喷射系统。迈腾2.0L TSI发动机复合喷射系统如图5-4所示。复合喷射的特点如下:

(1)将高压燃油系统的压力增至150~200MPa。

(2)达到新EU6排放标准中有关微粒质量和微粒数量的门限值。

(3)减少CO_2废气排放量。

(4)减少部分负荷范围下的油耗。

(5)改善发动机运行声音。

图5-4 迈腾2.0L TSI发动机的复合喷射系统

5.1.2 汽油

1)汽油主要性能指标

汽油机使用的燃料是汽油,汽油是由石油中提炼而得到的密度小又易于挥发的液体燃料,汽油由多种碳氢化合物组成,基本成分是碳的体积分数为85%,氢的体积分数为15%。汽油的主要性能指标有蒸发性、抗爆性和热值。

(1)蒸发性。汽油中必须含有足够比例的高蒸发性的成分,以得到良好的冷起动性能,其蒸发性的好坏将影响发动机正常工作。当温度较高时,蒸发性过高的汽油易在油路中蒸发形成"气阻",当温度较低时,蒸发性过低的汽油会有一部分不能蒸发、燃烧,并滞留在汽缸壁上,不仅使燃油消耗量增加,而且会稀释润滑油,导致汽缸加快磨损,影响发动机寿命。所以车用发动机的汽油蒸发性要求适中。

(2)抗爆性。汽油的抗爆性是指汽油在汽缸中避免产生爆燃的能力(也称抗自燃的能力)。汽油的抗爆性评价指标是辛烷值。辛烷值高,汽油抗爆性好;反之,汽油抗爆性差。

(3)热值。汽油的热值是指单位质量(1kg)的汽油完全燃烧后所产生的热量。汽油的热值约为44000kJ/kg。

2)汽油的选用

我国车用汽油分类主要以辛烷值为基础,测定辛烷值的方法有马达法和研究法。目前,我国市面上的汽车的常用无铅汽油分为89号、92号、95号等标号,它们是按照研究法的辛烷值(RON)的大小来划分的,这种汽油不仅含铅量更低,而且还有少量的清洁油路的添加剂。89、92、95号汽油除了抗爆性不同外,其他性能如清洁性、杂质是一样的,属于同一档次的油。压缩比高的发动机选用辛烷值高的汽油,反之,可选用辛烷值低的汽油。汽油牌号越高,其抗爆性越好,但价格也越贵。

卡罗拉(1.6L)乘用车要求选择92号或更高级的优质无铅汽油。迈腾B8L乘用车发动机要求选择95号及以上优质无铅汽油。

5.1.3 汽油机电控燃油喷射系统主要部件的构造

汽油机电控燃油喷射系统根据其作用不同可分为空气供给系统、排气系统、燃油供给系统、点火系统和电子控制系统。

5.1.3.1 空气供给系统

空气供给系统的作用是为发动机可燃混合气的形成提供必要的空气,并计量和控制燃油燃烧时所需要的空气量。空气供给系统如图5-5所示,空气经空气滤清器、空气流量计、节气门体进入进气总管,再分配到各缸进气歧管。在进气歧管内(或进气门处),空气与喷油器喷出的燃油混合后被吸入汽缸内燃烧。

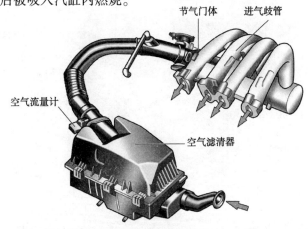

图5-5 空气供给系统

1)空气滤清器

空气滤清器是用来滤清空气中所含的尘土,以减少汽缸、活塞、活塞环等零件的磨损,延长发动机的使用寿命。

空气滤清器的种类很多,图5-6所示为纸质干式空气滤清器,它是通过用树脂处理的纸质滤芯对空气进行过滤。纸质滤芯的寿命取决于纸面大小(通常成波折状以提高过滤面积)及空气本身的清洁程度,一般可连续使用10000~50000km。纸质滤芯不能清洗,脏污时可用压缩空气吹去灰尘,严重时必须更换。纸质干式滤清器质量轻、结构简单、安装及维护方便、滤清效果好,因此在汽车上得到广泛应用。

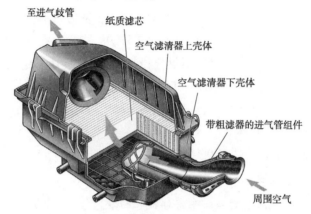

图5-6 纸质干式空气滤清器

2)节气门体

节气门体(图5-7)是安装调节控制吸入发动机的空气的节气门部件,节气门体主要由节气门、用于检测节气门开闭状态的节气门位置传感器、节气门定位电位计、节气门定位器(电动机)、节气门电位片和怠速开关等组成。汽车在正常行驶时,空气流量由节气门控制,而节气门则是驾驶人通过加速踏板操纵。

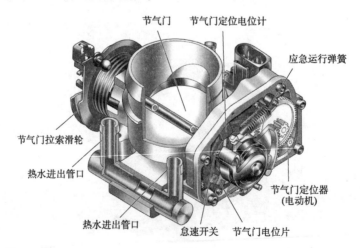

图5-7 节气门体

3）进气歧管与稳压箱

进气歧管的结构如图 5-8 所示。进气歧管的功用是将空气或可燃混合气引入汽缸,并保证进气充分及各缸进气量均匀一致。进气歧管多用铝合金或铸铁制造,有些也采用复合塑料制造。有些乘用车进气歧管前还设有稳压箱(也称共鸣腔、谐振腔),稳压箱的功用是消除进气压力脉动,保证各缸混合气分配均匀。

4）可变进气系统

为提高进气效率,在一些汽油机电控燃油喷射系统中采用了可变进气系统。可变进气系统结构如图 5-9 所示,其工作原理如图 5-10 所示。

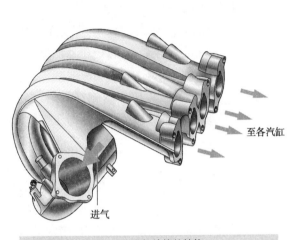

图 5-8 进气歧管的结构

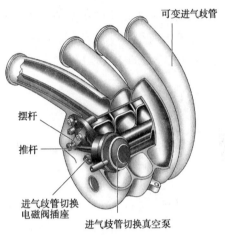

图 5-9 可变进气系统的结构

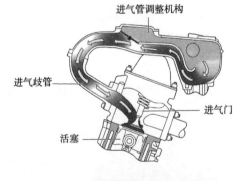

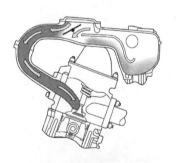

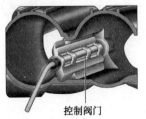

a) 发动机低转速状态

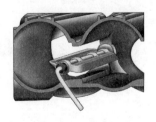

b) 发动机高转速状态

图 5-10 可变进气系统工作原理

发动机在低转速时,进气控制阀门关闭,气流需经过较长的进气歧管进入汽缸,这样可利用进气的流动惯性来提高进气效率,使发动机在低转速下获得较大的转矩;而在高转速时,则是通过打开控制阀门来减小进气阻力,气流经过较短的进气歧管进入汽缸,从而提高进气效率,可获得最大输出功率。

5)废气涡轮增压系统

废气涡轮增压是指利用发动机排出的高温高压废气能量,驱动涡轮作高速旋转,带动同轴上的压气机,对燃烧所需的空气进行预压缩,这样,在发动机排量和转速不变的情况下,增加了流入发动机的空气量,提高了进气效率,因而可提高发动机的功率。

可调叶片式涡轮增压系统如图 5-11 所示,它包括同轴的涡轮与压气机叶轮。涡轮与压气机叶轮上有很多叶片,从汽缸排出的废气直接进入涡轮,并推动涡轮旋转,带动压气机叶轮旋转,把吸入的空气增压,送入汽缸。由于利用高温废气进行增压,涡轮增压器温度较高,经压缩的空气也温度较高,使进气密度减少,对提高进气效率不利,因此,需要在压缩空气出口到进气歧管之间安装冷却器(中冷器),冷却压缩空气,提高其密度。

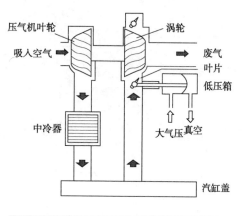

图 5-11 可调叶片式涡轮增压系统

可调叶片式涡轮增压系统能够在发动机整个范围内调整进气增压的压力。当发动机转速低时,叶片开度减少,减少废气流通截面,使废气流速增加,提高废气涡轮转速,增加进气压力;当发动机转速高时,叶片开度增大,增加废气流通截面,使废气流速降低,维持废气涡轮转速在正常范围内,保证进气压力的稳定。

5.1.3.2 排气系统

排气系统(图 5-12)主要由排气歧管、排气消声器等组成,电控燃油喷射系统汽油机的排气系统多带有三元催化转化器。

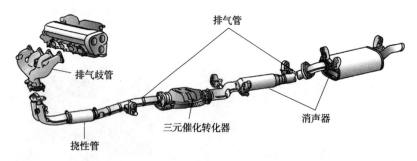

图 5-12 排气系统

1)排气歧管

从汽缸盖上各缸的排气孔到各缸的独立管的汇集处的管道总成称为排气歧管(图 5-13)。

排气歧管一般都采用成本低、耐热性及保温性较好的铸铁制成。

2）排气消声器

排气消声器的作用是消除废气中的火星及火焰，降低排气噪声。

排气消声器有吸收、反射两种基本的消声方式，如图5-14所示。吸收式消声器是通过废气在玻璃纤维、钢纤维和石棉等吸声材料上的摩擦而减少其能量。反射式消声器则是多个串联的谐调腔与长度不同的多孔反射管相互连接在一起，废气在其中经过多次反射、碰撞、膨胀、冷却而降低压力，减轻振动。

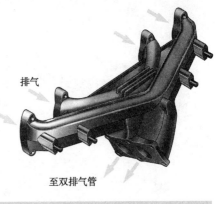

图5-13　排气歧管

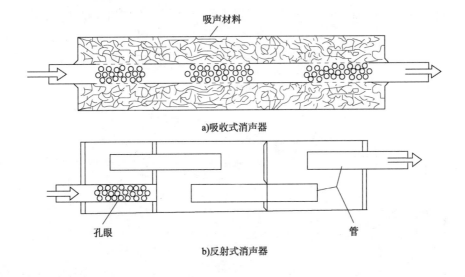

图5-14　排气消声器

汽车上实际使用的排气消声器，多数是综合利用不同的消声原理组合而成的，如图5-15所示。

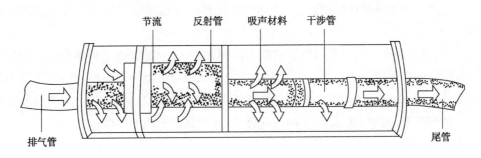

图5-15　组合式消声器

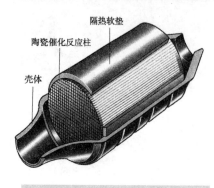

图 5-16 三元催化转化器

3) 三元催化转化器

三元催化转化器结构如图 5-16 所示,其内部为一个圆柱形反应柱,反应柱由很多孔径较小的直管组成,反应柱的所有表面都用白金系列催化剂镀膜。这种催化剂可将一氧化碳(CO)和碳氢化合物(HC)通过氧化反应变成对人体无害的二氧化碳(CO_2)和水(H_2O),将氮氧化合物(NO_X)还原成氮气(N_2)和氧气(O_2)。为了使尾气达到一定的环境保护标准,大多数汽油发动机都配备了三元催化转化器。

5.1.3.3 燃油供给系统

燃油供给系统的作用是供给发动机燃烧过程所需的燃油。燃油供给系统结构如图 5-17 所示,主要由燃油泵、燃油滤清器、油压脉动阻尼器、燃油压力调节器和喷油器等组成。

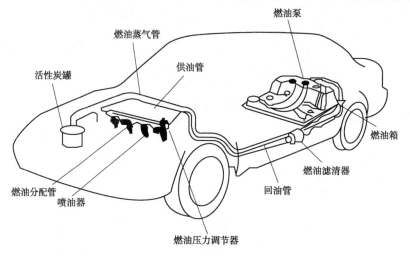

图 5-17 燃油供给系统

燃油从燃油箱中被燃油泵吸出,先由燃油滤清器将杂质滤除后再通过输油管送到各个喷油器。喷油器则根据 ECU 发出的指令,将计量后的燃油喷入各进气歧管并与流入发动机内的空气进行混合,形成可燃混合气。发动机在正常工况喷油量只取决于各喷油器通电时间长短。

此外,利用燃油压力调节器可将喷油压力控制在一定的范围内,而将多余的燃油从燃油压力调节器经回油管送回燃油箱。为了消除燃油泵泵油时或喷油器喷油时引起管路中的油压产生微小扰动,在有些发动机的燃油供给系统中还装有油压脉动阻尼器,用于吸收管路中油压波动时的能量,以便抑制管路中油压的脉动,提高系统的喷油精度。

1) 燃油箱

燃油箱(图 5-18)是用来储存燃油的,其容积大小与车型和发动机排量有关,其形状随车型不同而各异,这主要是为了适应在车上的布置安装。

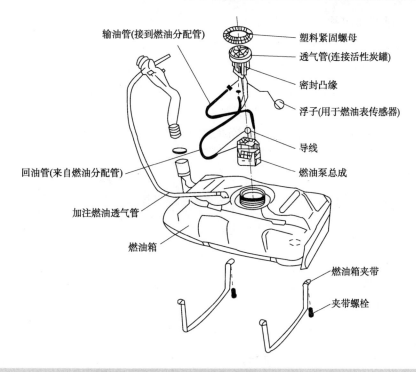

图 5-18 带附件的燃油箱

挥发性好的汽油在燃油箱内挥发,直接将挥发的汽油蒸气排到大气中会污染环境,为此设置了燃油箱蒸发排放控制装置(图 5-19),将活性炭罐与燃油箱相连接,挥发的汽油蒸气被吸附在活性炭上。发动机工作时,活性炭罐电磁阀通电打开,被吸附在活性炭上的汽油蒸气即可被吸入汽缸并燃烧。

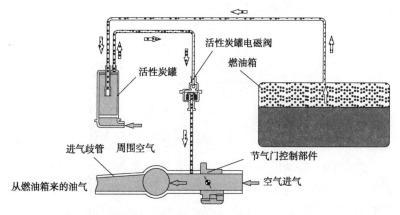

图 5-19 燃油箱蒸发排放控制装置

2)燃油泵

燃油泵的作用是把燃油从油箱内吸出并通过喷油器供给发动机各汽缸。

在电控燃油喷射系统中最常用的是内置式燃油泵,即燃油泵安装在燃油箱内。内置式燃油泵不易发生气阻和漏油现象,对泵的自吸性能要求较低,故应用广泛。内置式燃油泵主要有叶片式和滚柱式两种。

（1）叶片式燃油泵。叶片式燃油泵结构和工作原理如图5-20所示。叶轮是一个圆平板，在平板的圆周上加工有小槽，形成泵油叶片。当叶轮旋转时，圆周上小槽内的燃油随同叶轮一同高速旋转。由于离心力的作用，使出油口处压力增高，而在进油口处产生真空，从而使燃油在进油口处被吸入，在出油口处被排出，这样周而复始地完成燃油的输送。叶片式燃油泵运转噪声小，油压脉动小，泵油压力高，叶片磨损小，使用寿命长。

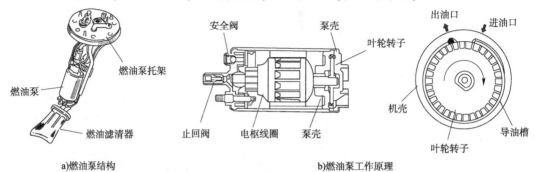

图5-20　叶片式燃油泵

（2）滚柱式燃油泵。滚柱式燃油泵如图5-21所示。转子偏心地安装在泵体内，滚柱装在转子的凹槽中。在永磁电动机的驱动下，当转子旋转时，滚柱在离心力的作用下紧压在泵体的内表面上，同时在惯性力的作用下，滚柱总是与转子凹槽的一个侧面贴紧，从而形成若干个封闭的工作腔。

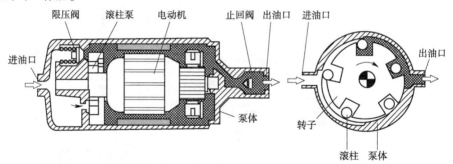

图5-21　滚柱式燃油泵

在燃油泵工作过程中，进油口一侧的工作腔容积增大，成为低压吸油腔，燃油经进油口被吸入工作腔内。在出油口一侧的工作腔容积减小，成为高压压油腔，高压燃油从压油腔经出油口流出。油泵转子每转一圈，其排出的燃油就要产生与滚柱数目相同的压力脉动，故在出口处装有油压缓冲器，以减小出口处的油压脉动和运转噪声。

止回阀的作用主要用于防止燃油倒流，并可保持管路残余压力，以便发动机下次容易起动，并可防止由于温度较高时，油路产生气阻现象。若油泵输出压力超过400kPa时，安全阀会自动打开，高压燃油可回至油泵的进油室，并在油泵和电动机内循环，以此可避免由于油路堵塞而引起管路油压过高造成管路破裂或燃油泵损坏等现象。滚柱式燃油泵运转时噪声大,油压脉动也大,而且泵体内表面和转子容易磨损。

3)燃油滤清器

燃油滤清器(图5-22)可清除燃油中的杂质,防止堵塞喷油器等部件,减少运动部件的磨损。

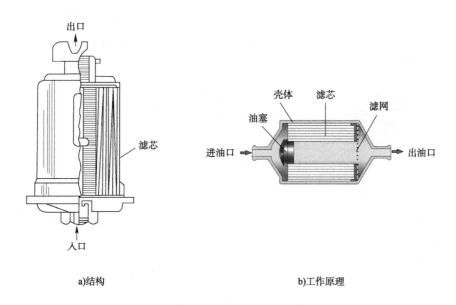

a)结构　　　　　　　　　　　　b)工作原理

图5-22　燃油滤清器

燃油滤清器与普通的滤清器一样,采用过滤形式,壳体内有一个纸滤芯。滤芯的形式通常有两种,即菊花形和涡卷形。燃油滤清器的滤芯应根据车辆行驶里程、使用的燃油质量情况及时更换,以确保发动机稳定行驶,提高可靠性。

4)燃油分配管

燃油分配管(图5-23)的功用是将燃油均匀、等压地输送给各缸喷油器。由于它的容积较大,故有储油蓄压、减缓油压脉动的作用。

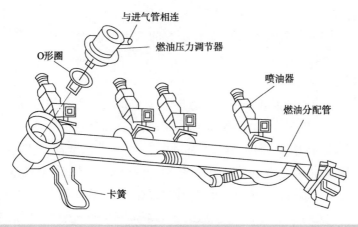

图5-23　燃油分配管

5)燃油压力调节器

燃油压力调节器一般安装在燃油分配管上,其作用是根据进气歧管内的绝对压力的变化来调节系统油压(燃油分配管油压),保持喷油器的喷油绝对压力恒定,使喷油器的燃油喷射量只取决于喷油器的开启时间。

燃油压力调节器(图5-24)有金属壳体,其内部由橡胶膜片分为弹簧室和燃油室两部分。弹簧室内有一个带预紧力的螺旋弹簧,它作用在膜片上。在膜片上安装一个阀,控制回油。另外,还通过一根真空管与进气歧管相连。

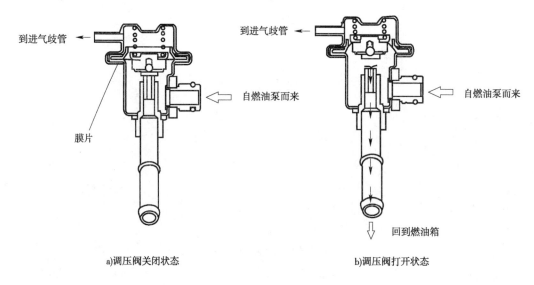

图5-24 燃油压力调节器

当系统油压超过规定值时,燃油压力克服弹簧压力,将膜片向上压,打开阀门,与回油通道接通,燃油流回燃油箱,系统压力降低,系统油压又回到规定值。

如果进气歧管真空度变大,为了维持燃油分配管内部与进气歧管内部的压力差恒定,就必须降低系统油压。把进气歧管真空度引入弹簧室,能够减少膜片上方螺旋弹簧的作用力,进而减少打开阀门的压力,使系统油压下降到规定值。

当燃油泵停止工作时,在膜片和螺旋弹簧力的作用下使阀门关闭,保持油路中的残余压力。

6)电磁喷油器

电磁喷油器是发动机电控燃油喷射系统的一个重要的执行元件,它接收ECU送来的喷油脉冲信号,准确地计量燃油喷射量,同时,将燃油喷射后雾化。

轴针式电磁喷油器(图5-25)安装在燃油分配管上,主要由轴针、针阀、衔铁、复位弹簧及电磁线圈等组成。针阀与衔铁制成整体结构,针阀上端安装一个复位弹簧。当电磁喷油器停止工作时,弹簧弹力使针阀复位,阀针关闭,轴针压靠在阀座上起密封作用,防止燃油泄漏。滤网用于过滤燃油中的杂质,O形密封圈起密封作用,上部密封圈防止燃油泄漏,下部密封圈防止漏气。

单元 5　汽油机电控燃油喷射系统的构造与维修

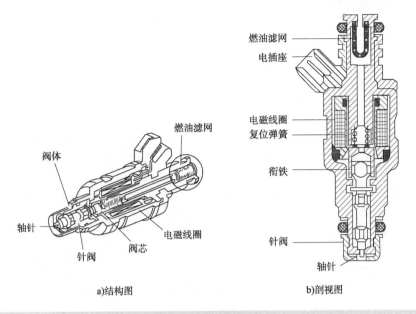

图 5-25　轴针式电磁喷油器

当电磁线圈通电时,电磁吸力使针阀克服复位弹簧的弹力,针阀与轴针上移,阀门打开,燃油便从喷孔喷出。由于燃油压力较高,因此喷出的燃油得到良好雾化。当电磁线圈断电时,电磁吸力消失,针阀与轴针在复位弹簧作用下复位,阀门关闭,喷油停止。

5.1.3.4　点火系统

点火系统的作用是将汽车电源提供的低压电转变为高压电,并按照发动机各缸的点火顺序和点火时刻的要求,适时准确地将高压电送至各缸的火花塞,使火花塞跳火,点燃汽缸内的可燃混合气。现代汽车发动机均已采用电控点火系统,其组成如图 5-26 所示,主要由传感器、电控单元(ECU)及执行器组成。传感器用来检测发动机工作状态,并将信号传给ECU;ECU 负责对传感器传送的信号进行分析、比较、处理,向执行器发出控制命令;并按指令对点火线圈的初级线圈电流进行控制,以产生足够的点火高压电。电控点火系统的各组成部分的功用见表 5-1。

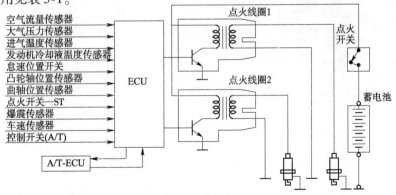

图 5-26　电控点火系统的组成

电控点火系统的组成及元件功用 表 5-1

组　　成		功　　能
传感器	空气流量计	检测进气量(负荷)信号输入 ECU,是点火系统的主控制信号
	进气歧管绝对压力传感器	
	曲轴位置传感器	检测曲轴转角(转速)信号输入 ECU,是点火系统的主控制信号
	凸轮轴位置传感器	检测凸轮轴转角信号输入 ECU,是点火系统的主控制信号
	节气门位置传感器	检测节气门开度信号输入 ECU,是点火提前角的修正信号
	冷却液温度传感器	检测冷却液温度信号输入 ECU,是点火提前角的修正信号
	起动开关	向 ECU 输入发动机正在起动中的信号,是点火提前角的修正信号
	空调开关(A/C)	向 ECU 输入空调的工作信号,是点火提前角的修正信号
	进气温度传感器	检测进气温度信号输入 ECU,是点火提前角的修正信号
	空挡起动开关	检测自动变速器 P 位或 N 位信号输入 ECU,是点火系统的修正信号
	爆震传感器	检测发动机的爆燃信号输入 ECU,是点火提前角的修正信号
	发动机负荷信号	检测发动机的负荷信号输入 ECU,是点火提前角的修正信号
执行器	点火线圈	利用变压器的原理可将汽车电源提供的 12V 低压电转变成能击穿火花塞电极间隙的 15~20kV 的高压直流电
控制单元(ECU)		根据各传感器输入的信号,计算出最佳的点火提前角,并将点火控制信号输送给点火控制器
火花塞		火花塞的作用是将高压电引入汽缸燃烧室,产生电火花点燃可燃混合气

1)点火线圈

点火线圈利用变压器的原理可将汽车电源提供的 12V 低压电转变成能击穿火花塞电极间隙的 15~20kV 的高压直流电。

点火线圈的结构和磁路如图 5-27 所示。在"口"字形铁芯内绕有次级线圈,在次级线圈外面绕有初级线圈,初级线圈产生的磁通量通过铁芯构成闭合磁路。与开磁路点火线圈相比,闭磁路点火线圈具有漏磁少、能量损失小、转换效率高、体积小、质量轻和易散热等优点,因此在点火系统中广泛应用。

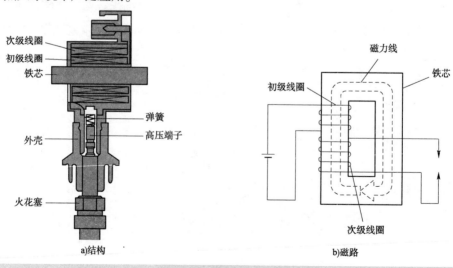

图 5-27　闭磁路点火线圈的磁路

2) 火花塞

火花塞的作用是将高压电引入汽缸燃烧室,产生电火花点燃可燃混合气。由于火花塞的工作条件十分恶劣,它要承受高压、高温及燃烧产物的强烈腐蚀,因此,火花塞必须具有足够的强度,能承受温度的强烈变化,应有良好的热特性。火花塞的电极一般采用耐高温、耐腐蚀的镍锰合金钢或铬锰氮、钨、镍锰硅等合金制成,也有采用镍包铜材料制成,以提高散热性能。火花塞的结构如图5-28所示,主要由接线帽、瓷绝缘体、中心电极、侧电极和壳体等组成。中心电极用镍铬合金制成,具有良好的耐高温、耐腐蚀性能,中心电极制成两段,中间加有导电玻璃,由于导电玻璃和瓷绝缘体的膨胀系数相近,因此,导电玻璃主要是起密封作用。火花塞的间隙一般为 1.0～1.2mm。

火花塞根据其热特性(用热值表示,数字越大,热值越小)的不同,可分为冷型火花塞、中型火花塞和热型火花塞。绝缘体裙部长的火花塞,其受热面积大,传热距离长,散热困难,裙部温度高,称为热型火花塞;反之,裙部短的火花塞,吸热面积小,传热距离短,散热容易,裙部温度低,称为冷型火花塞。热型火花塞用于低压缩比、低转速、小功率的发动机;冷型火花塞用于高压缩比、高转速、大功率的发动机。

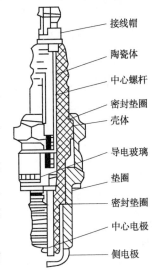

图5-28 火花塞的结构

5.1.3.5 电子控制系统

电子控制系统的功用是根据发动机运转状况和车辆运行状况确定汽油最佳喷射量和最佳点火提前角。此外,还可进行怠速控制、排放控制和故障自诊断等。电子控制系统由传感器、电子控制单元(ECU)、执行器3部分组成,其控制图如图5-29所示。

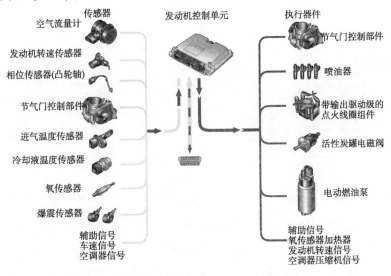

图5-29 电子控制系统控制图

电子控制系统的核心是 ECU,ECU 根据发动机中各种传感器送来的信号控制喷油时间、点火正时等。传感器监测发动机的实际工况,计量各种信号并传输给 ECU,ECU 输出的各种控制指令由执行器执行。

1)传感器

传感器是用来测量或检测反映发动机运行状态下的各种物理量、电量和化学量等,并将它们转换成计算机能接受的电信号后再送给 ECU。常用的传感器主要有空气流量计、进气歧管绝对压力传感器、发动机转速与曲轴位置传感器、温度传感器、节气门位置传感器、氧传感器、爆震传感器等。另外,还有各类开关、继电器等。

(1)空气流量计。空气流量计是测量发动机进气量,是用来确定基本喷油量的主要依据之一。空气流量计设置在空气滤清器与节气门体之间,也有安装在空气滤清器上,还有将空气流量计与节气门体制成一体安装在发动机上。目前常用的是热线式空气流量计和热膜式空气流量计。

①热线式空气流量计。热线式空气流量计的结构如图 5-30 所示,热线是圆筒内保持 100℃的导线,由于进入发动机的空气会冷却热线,测量出热线保持 100℃所需的电流,就可以算出空气流量。

这种空气流量计可以直接测量进气空气的质量流量,无需进行进气温度和大气压力修正,无运动部件,进气阻力小,响应特性较好,可正确测出急减速时空气进气量。

②热膜式空气流量计。热膜式空气流量计(图 5-31)的结构和工作原理与热线式基本相同,只是将发热体由热线式改为热膜式,热膜是由发热金属铂固定在薄的树脂膜上构成。这种结构可使发热体不直接承受空气流动所产生的作用力,增加了发热体的强度,提高了使用寿命,它的金属网用于产生微观紊流,以使测量信号稳定。由于这些优点,使它的应用更为广泛。

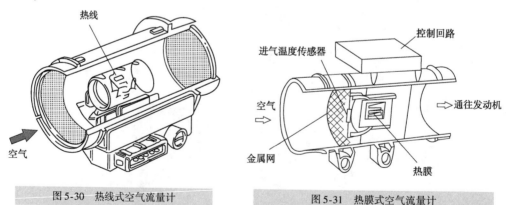

图 5-30 热线式空气流量计　　　　图 5-31 热膜式空气流量计

(2)进气歧管绝对压力传感器。电控燃油喷射系统可通过进气歧管压力和发动机转速推算发动机进气量。进气歧管压力的测定靠绝对压力传感器完成。进气歧管绝对压力传感器种类较多,就其信号产生原理可分为半导体压敏电阻式、电容式、膜盒传动的可变电感式和表面弹性波式等。

半导体压敏电阻式压力传感器如图 5-32 所示,它是利用半导体的压电效应原理制成的,这种传感器是将硅片的周边固定在基座上,再将整体封入一壳体内,并在壳体内形成真空,当通道口与进气管相连接时,进气管内的压力就会使传感器内的膜片产生压力,此时由应变电阻组成的电桥电路就会输出与进气管内压力成比例的电压。由于基准压力是真空的压力,使用这种压力传感器可以测定出绝对压力。该传感器具有体积小、精度高、成本低和可靠性、抗震性好等特点,在现代汽车上得到了广泛应用。

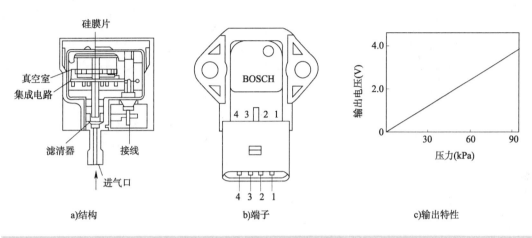

图 5-32 半导体压敏电阻式压力传感器

由于压力传感器结构和测量原理的要求,压力传感器安装在振动较小的车身处,用一根橡胶管作为取气管与进气总管相连。

(3) 发动机转速与曲轴位置传感器。发动机转速与曲轴位置传感器是提供发动机的转速、曲轴转角位置及汽缸行程位置信号,以此确定发动机的基本喷油时刻、喷油量及点火时刻。发动机转速与曲轴位置传感器可分为磁电式、光电式和霍尔式 3 种类型。此外,就其安装部位来看,有的安装在曲轴前端,有的安装在凸轮轴前端或分电器内以及飞轮上。车型不同,所采用的结构形式有所不同,所以也有曲轴位置传感器或凸轮轴位置传感器之说,两者的原理和结构形式基本相同,只是安装位置有所区别而已。

磁电式曲轴转速传感器(图 5-33)负责采集曲轴转角位置和发动机转速信号。在曲轴上有一个靶轮,靶轮上有 60 个齿,传感器对它进行扫描。当靶轮经过传感器时,产生一个变电压信号,其频率随发动机转速变化而变化,控制单元根据交变电压的频率识别发动机的转速。在靶轮上有一处缺两个齿,感应传感器扫描到该处,1 缸活塞处于上止点前 72°,它是作为控制单元识别曲轴转角位置的基准标记。

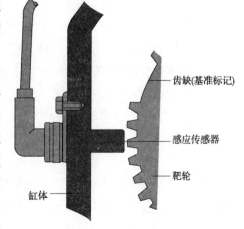

图 5-33 曲轴转速传感器

(4) 温度传感器。温度传感器有冷却液温度传感器、进气温度传感器与排气温度传感器等,这些传感器多数采用的是负温度系数的热敏电阻式温度传感器,即热敏电阻的阻值随温度的升高而减小。

冷却液温度传感器(图5-34)用来检测发动机冷却液温度,该值用于喷油量和点火时刻的修正。当发动机冷却液温度改变时,传感器向控制单元输送的信号电压也发生改变,从而可获得冷却液的温度状态。

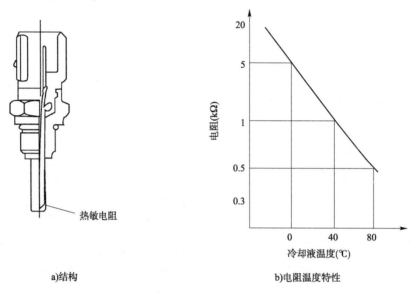

a) 结构　　　　　　　　b) 电阻温度特性

图 5-34　冷却液温度传感器

(5) 节气门位置传感器。节气门位置传感器通常装在节气门体上,可同时把节气门开度、急速、大负荷等信号转换成电压信号送至 ECU 中,以便控制系统根据发动机的各种工况对其喷油量及点火提前角进行最优控制。

线性输出型节气门位置传感器的结构如图5-35a)所示,在传感器上安装了两个与节气门联动的电刷触头,其中一个电刷触头在印制电路基片上的滑片电阻上滑动,利用电阻值的变化,测得与节气门开度对应的线性输出电压,根据输出的电压值,可知节气门的开度。另一个电刷触头在节气门关闭时与急速触点 IDL 接触。IDL 信号主要给 ECU 提供急速信号,用于断油控制和点火提前角修正。节气门开度输出信号 V_{TA} 则使 ECU 对喷油量进行控制,随着节气门开度的增大,节气门开度输出电压线性增大,如图5-35b)所示。

(6) 氧传感器。氧传感器(图5-36)是用锆元素制成的元件,其内外表面涂上一层铂作为电极,内外表面分别与外界空气和废气接触。如果废气中没有氧气,氧化锆内外表面电极间的电动势就会迅速增大,根据这种变化,来准确地检测出可燃混合气是否达到了理论可燃混合气浓度,并向 ECU 提供可燃混合气浓度的反馈信号,以此控制可燃混合气浓度在理想范围之内。

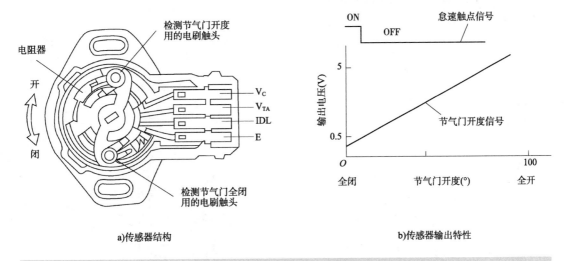

图 5-35　线性输出型节气门位置传感器

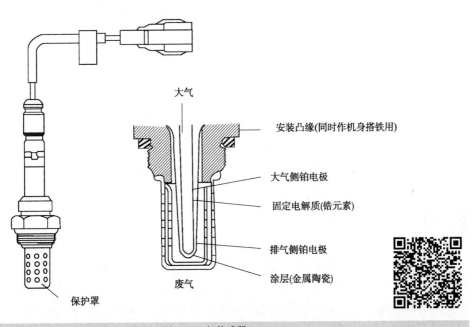

图 5-36　氧传感器

（7）爆震传感器。爆震传感器（图 5-37）利用受压后电压改变的压电元件来检测发动机是否发生爆燃的传感器，它可有效地抑制发动机爆燃现象的发生。爆震传感器将检测出来的爆燃程度传给 ECU，ECU 可及时对发动机的点火提前角进行反馈控制，来实现发动机点火时刻的闭环控制。

2）控制单元

电子控制单元常用 ECU 表示。在发动机控制系统中，ECU 的主要功能是根据发动机运转状况和车辆运行

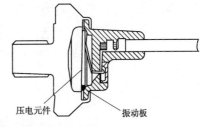

图 5-37　爆震传感器

状态对发动机进行精确的控制。

ECU 的主要部件是微型电子计算机（简称微机），可实现多功能的高精度集中控制。ECU 的基本结构如图 5-38 所示，主要由输入回路、A/D 转换器（模拟信号/数字信号转换器）、微机和输出回路组成，是对汽油喷射、点火正时、怠速、进气及排放等进行综合控制的发动机管理系统。

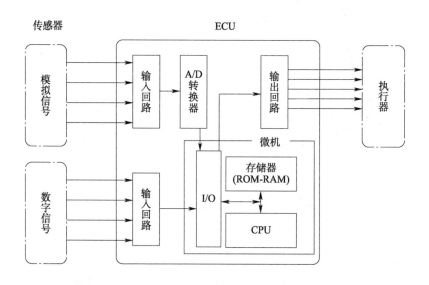

图 5-38　发动机电子控制装置的基本结构

（1）输入回路。输入回路对各种输入信号进行预处理，一般包括去杂波，把正弦波转换成矩形波及电平转换等。

（2）A/D 转换器。由于微机只能识别数字信号，A/D 转换器将模拟信号转换成数字信号后，才能输至微机中进行处理。

（3）微机。微机主要由中央处理器（CPU）、存储器、输入/输出装置等组成。微机的功能是根据发动机工作的需要，把各种传感器送来的信号用内存的程序（微机处理的顺序）和数据进行运算处理，并把处理结果（如燃油喷射控制信号、点火控制信号等）送往输出回路。

（4）输出回路。输出回路是微机与执行元件之间的连接桥梁，其主要功用是将微机的处理结果放大，生成可以驱动执行元件工作的控制信号。输出回路一般采用的是功率晶体管，根据微机的指令通过功率晶体管的导通与截止来控制执行元件的搭铁回路。控制喷油器的输出回路，如图 5-39 所示，当功率晶体管导通时，喷油器通电喷油；当功率晶体管截止时，喷油器断电停油。

3）执行器

执行器是执行 ECU 的控制信息，将其变成具体控制动作的装置。在电控燃油喷射系统中主要的执行器有喷油器、燃油泵、活性炭罐电磁阀和点火线圈等。

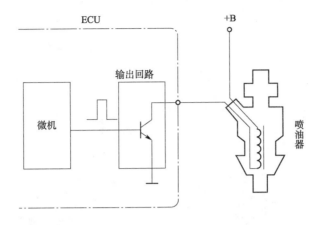

图 5-39 控制喷油器的输出回路

5.2 汽油机电控燃油喷射系统的维修

本单元以卡罗拉(1.6L)乘用车汽油机电控燃油喷射系统的维修为例进行说明。

5.2.1 空气供给系统主要部件的维修

5.2.1.1 检查进气系统(车上检查)

检查并确认图 5-40 所示位置没有吸气。

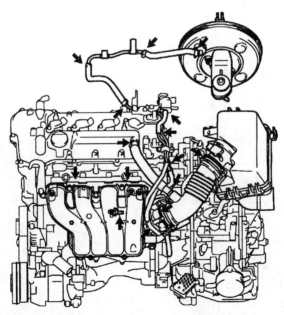

图 5-40 检查进气系统(车上检查)

5.2.1.2 空气滤清器和软管的维修

空气滤清器和软管相关部件分解图如图 5-41 所示。

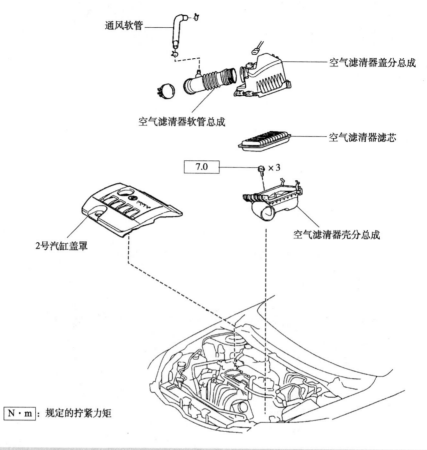

图5-41 空气滤清器和软管相关部件分解图

1) 空气滤清器和软管的拆卸

(1) 拆卸2号汽缸盖罩。

(2) 拆卸空气滤清器盖分总成。

①断开空气流量计连接器。

②如图5-42所示,断开2个卡夹。

③如图5-43所示,断开箍带和通风软管,并拆下空气滤清器盖分总成。断开箍带和通风软管。断开箍带和空气滤清器软管。

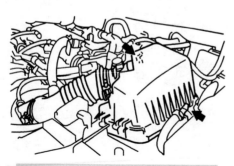

图5-42 空气滤清器和软管的拆卸(1)

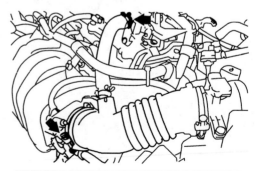

图5-43 空气滤清器和软管的拆卸(2)

(3)拆卸空气滤清器壳分总成。如图5-44所示,从空气滤清器上分离空气滤清器滤芯,将线束卡夹从空气滤清器壳上断开,从空气滤清器壳上拆下3个螺栓。

2)空气滤清器和软管的安装

(1)安装空气滤清器壳分总成。使用3个螺栓,安装空气滤清器壳(图5-41),拧紧力矩:7.0N·m。将线束卡夹连接至空气滤清器壳。安装空气滤清器滤芯。

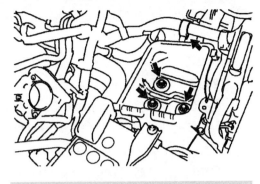

图5-44 空气滤清器和软管的拆卸(3)

(2)安装空气滤清器盖分总成。

①用箍带连接通风软管(图5-43)。用箍带连接空气滤清器软管。安装空气滤清器盖分总成。用箍带连接通风软管。

②连接2个卡夹(图5-42),连接空气流量计连接器。

(3)安装2号汽缸盖罩。

5.2.1.3 节气门体的维修

节气门体相关部件分解图如图5-45所示。

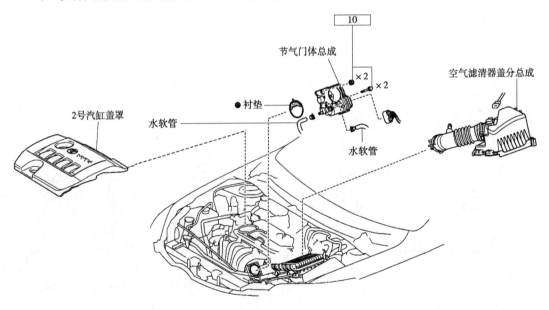

N·m:规定的拧紧力矩

●:不可重复使用零件

图5-45 节气门体相关部件分解图

1)检查节气门体总成(车上检查)

(1)检查节气门控制电动机的工作声音。

①将点火开关置于 ON 位置。

②踩下加速踏板时,检查电动机的工作声音。确保电动机没有摩擦噪声。如果有摩擦噪声,则更换节气门体。

(2)检查节气门位置传感器。

①将智能检测仪连接到 DLC3。

②将点火开关置于 ON 位置并开启检测仪。

③选择以下菜单项:Powertrain/Engine and ECT/Data List/Throttle Position。

④节气门全开时,检查并确认"Throttle Position"值在规定范围内。标准节气门开度百分比:60% 或更高。注意:检查标准节气门开度百分比时,换挡杆应在 N 位置。如果百分比小于 60%,则更换节气门体。

2)节气门体的拆卸

(1)排净发动机冷却液。

(2)拆卸 2 号汽缸盖罩。

(3)拆卸空气滤清器盖分总成。

①断开空气流量计连接器。

②断开 2 个卡夹(图 5-42)。

③断开箍带和通风软管(图 5-43),并拆下空气滤清器盖分总成。

(4)拆卸节气门体总成。

①如图 5-46 所示,断开连接器和 2 根水软管。

②如图 5-47 所示,拆下 2 个螺栓、2 个螺母和节气门体。拆下衬垫。

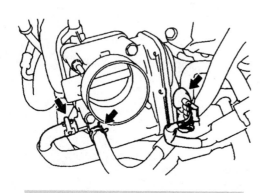

图 5-46 节气门体的拆卸(1)

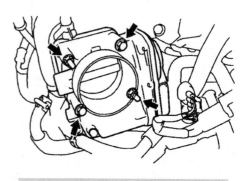

图 5-47 节气门体的拆卸(2)

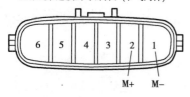

图 5-48 节气门体的检查

3)节气门体的检查

如图 5-48 所示,测量端子 1(M-)与端子 2(M+)之间的电阻,标准电阻(在 20°C 时):0.3~100Ω。如果测量结果不符合规定,则更换节气门体总成。

4)节气门体的安装

(1)安装节气门体总成。

①将新衬垫安装至进气歧管。

②用2个螺栓和2个螺母安装节气门体(图5-47),拧紧力矩:10N·m。

③连接连接器和2根水软管(图5-46)。

(2)安装空气滤清器盖分总成。

①安装空气滤清器盖分总成,用箍带连接通风软管(图5-43)。

②连接2个卡夹(图5-42),连接空气流量计连接器。

(3)安装2号汽缸盖罩。

(4)添加发动机冷却液。

(5)检查冷却液是否泄漏。

5.2.2　燃油供给系统主要部件的维修

5.2.2.1　车上检查

1)检查燃油泵工作情况和燃油是否泄漏

(1)检查燃油泵工作情况。

①将智能检测仪连接到DLC3。

②将点火开关置于ON位置,并接通智能检测仪的主开关。注意:不要起动发动机。

③选择以下菜单:Powertrain/Engine/Active Test/Control the Fuel Pump/Speed。

④从燃油管路中检查燃油进油管中的压力。检查并确认能听到燃油在燃油箱中燃油流动的声音。如果听不到声音,则检查集成继电器、燃油泵、ECM和配线连接器。

(2)检查燃油是否泄漏。进行维护后检查并确认燃油供给系统任何部位均无燃油泄漏。如果燃油泄漏,必要时维修或更换零件。

(3)将点火开关置于OFF位置。

(4)从DLC3上断开智能检测仪。

2)检查燃油压力

(1)燃油供给系统卸压。

(2)用电压表测量蓄电池电压。蓄电池正极端子与负极端子之间在点火开关置于OFF位置时,标准电压:11~14V。

(3)从蓄电池负极(-)端子上断开电缆。

(4)从主燃油管上断开燃油软管。

(5)如图5-49所示,用其他SST 09268-31012(09268-41500、90467-13001、95336-08070)、09268-45014(09268-41200、09268-41220、09268-41250)安装SST(压力表)。

(6)擦掉汽油。

(7)将电缆连接到蓄电池负极(-)端子上。

(8)将智能检测仪连接到DLC3上。

(9)选择以下菜单:Powertrain/Engine/Active Test/Control the Fuel Pump/Speed。

(10)测量燃油压力。燃油压力:304~343kPa。如果燃油压力大于标准值,则更换燃油压力调节器。如果燃油压力小于标准值,检查燃油软管和连接情况、燃油泵、燃油滤清器和燃油压力调节器。

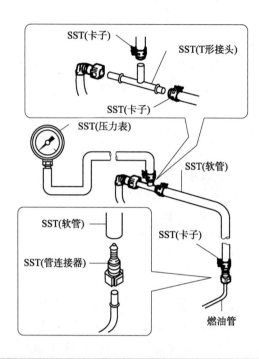

图 5-49　检查燃油压力

(11)从 DLC3 上断开智能检测仪。

(12)起动发动机。

(13)测量怠速时的燃油压力。燃油压力:304～343kPa。

(14)关闭发动机。

(15)检查并确认燃油压力在发动机停止后能按规定持续 5min。燃油压力:147kPa 或更高。如果燃油压力不符合规定,则检查燃油泵或喷油器。

(16)检查燃油压力后,从蓄电池上负极(-)端子上断开电缆,然后小心地拆下 SST,以防汽油溅出。

(17)将燃油管重新连接到主燃油管上(燃油管连接器)。

(18)将 1 号燃油管卡夹安装到燃油管连接器上。

(19)检查燃油是否泄漏。

5.2.2.2　喷油器的维修

喷油器相关部件分解图如图 5-50 所示。

1)喷油器的拆卸

(1)燃油系统卸压。

(2)从蓄电池负极端子断开电缆

(3)拆卸 2 号汽缸盖罩。

单元 5　汽油机电控燃油喷射系统的构造与维修

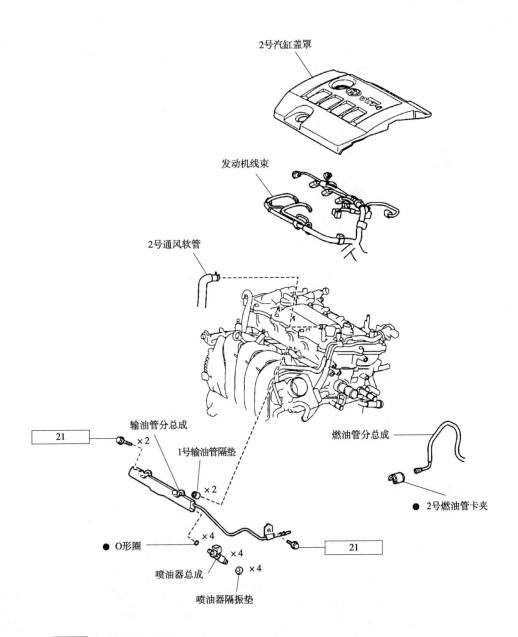

图 5-50　喷油器相关部件分解图

(4) 如图 5-51 所示,分离 2 号通风软管。

(5) 拆卸发动机线束。

①如图 5-52 所示,拆下 2 个螺栓并断开搭铁线,断开 4 个喷油器总成连接器,断开 2 个线束卡夹。

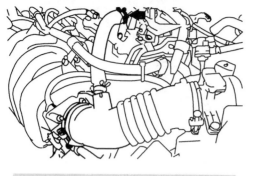

图 5-51 喷油器的拆卸(1)

图 5-52 喷油器的拆卸(2)

②如图 5-53 所示,断开 4 个线束卡夹。

③如图 5-54 所示,拆下 2 个螺栓和 2 个线束支架。

图 5-53 喷油器的拆卸(3)

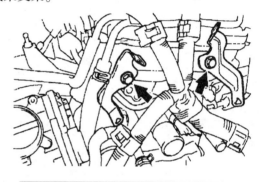

图 5-54 喷油器的拆卸(4)

(6)断开燃油管分总成。

①如图 5-55 所示,拆下 2 号燃油管卡夹。

②如图 5-56 所示,使用 SST 09268-21010 断开燃油管分总成。

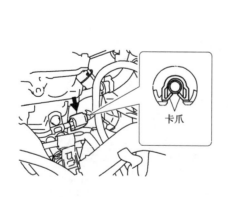

图 5-55 喷油器的拆卸(5)

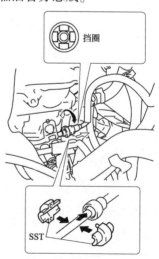

图 5-56 喷油器的拆卸(6)

(7)拆卸输油管分总成。

①如图 5-57 所示,拆下螺栓并拆下线束支架。

②如图 5-58 所示,拆下 2 个螺栓。

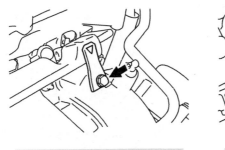

图 5-57　喷油器的拆卸(7)　　　图 5-58　喷油器的拆卸(8)

③如图 5-59 所示,拆下螺栓和输油管分总成。

④如图 5-60 所示,拆下 2 个 1 号输油管隔垫。

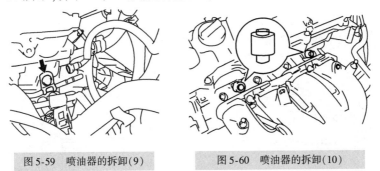

图 5-59　喷油器的拆卸(9)　　　图 5-60　喷油器的拆卸(10)

(8)拆卸喷油器总成。

①如图 5-61 所示,从燃油输油管分总成中拉出 4 个喷油器总成。

②如图 5-62 所示,重新安装时,在喷油器轴上贴上标签。注意:用塑料袋将喷油器包起来,以防异物进入。

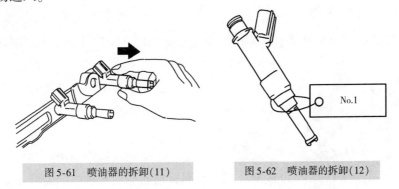

图 5-61　喷油器的拆卸(11)　　　图 5-62　喷油器的拆卸(12)

③如图 5-63 所示,拆下 4 个喷油器隔振垫。

2)喷油器总成的检查

(1)检查电阻。如图 5-64 所示,用欧姆表测量端子 1 与端子 2 之间的电阻。标准电阻

(在20℃时):11.6~12.4Ω。如果测量结果不符合规定,则更换喷油器总成。

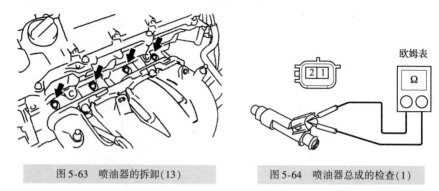

图5-63 喷油器的拆卸(13)　　图5-64 喷油器总成的检查(1)

(2)检查工作情况。注意:在良好通风区域执行检查。不要在任何靠近明火的地方执行检查。

①如图5-65所示,将SST(燃油管连接器)连接到SST(软管),然后将它们连接到燃油管(车辆侧)。

②如图5-66所示,将O形圈安装到喷油器总成上。

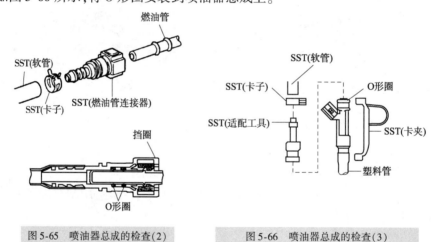

图5-65 喷油器总成的检查(2)　　图5-66 喷油器总成的检查(3)

③将SST(适配工具和软管)连接到喷油器总成,并用SST(卡夹)固定喷油器总成和接头。

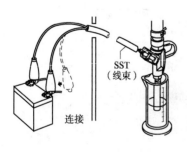

图5-67 喷油器总成的检查(4)

④将喷油器总成放在量筒中。注意:将合适的塑料管安装至喷油器总成以防汽油喷出。

⑤操作燃油泵。

⑥如图5-67所示,将SST(线束)连接到喷油器总成和蓄电池15s,用量筒测量喷油量。对各喷油器测试2~3次。标准喷油量见表5-2。各喷油器间的差别:13mL或更少。注意:务必在蓄电池侧进行操作。如果喷油量不符合规定,则更换喷油器总成。

喷 油 量　　　　　　　　　　　　　　　　　　　　表5-2

检测仪连接	条　件	规定喷油量
正极端子—搭铁端子	15s(2~3次)	60~73mL/每次测试

(3)检查是否泄漏。如图5-68所示,在上述条件下,从蓄电池上断开SST(线束)的检测探针,检查喷油器是否有燃油泄漏。最大燃油泄漏允许值:每12min允许1滴或更少。

3)喷油器的安装

(1)安装喷油器总成。

①将新喷油器隔振垫安装到喷油器总成上。

②如图5-69所示,在喷油器总成O形圈接触面上涂抹一薄层汽油或锭子油。

③如图5-70所示,向左和向右转动喷油器总成,以将其安装到输油管分总成上。注意:不要扭曲O形圈。安装喷油器后,检查并确认它们可以平稳转动。如果不能平稳转动,换上新的O形圈。

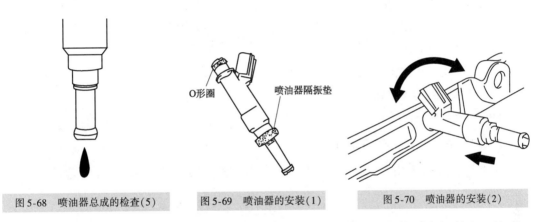

图5-68　喷油器总成的检查(5)　　图5-69　喷油器的安装(1)　　图5-70　喷油器的安装(2)

(2)安装1号输油管隔垫(图5-57)。将2个1号输油管隔垫安装到汽缸盖上。注意:以正确方向安装1号输油管隔垫。

(3)安装输油管分总成。

①安装输油管分总成和4个喷油器总成,然后暂时安装2个螺栓(图5-58)。注意:安装输油管分总成时不要掉落喷油器。安装输油管分总成后,检查并确认喷油器总成转动平稳。

②将2个螺栓紧固至规定拧紧力矩(图5-58),拧紧力矩:21N·m。

③安装螺栓以固定输油管分总成(图5-59),拧紧力矩:21N·m。

④用螺栓安装线束支架(图5-57)。

(4)连接燃油管分总成。

①如图5-71所示,将燃油管分总成连接器插入输油管,直到听到"咔嗒"声。注意:在工作前,检查并确认燃油管连接器和燃油管的断开部分周围没有划痕或异物。连接燃油管后拉动燃油管连接器与燃油管,检查并确认其已牢固连接。

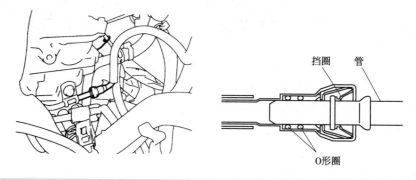

图 5-71 喷油器的安装(3)

②安装新的 2 号燃油管卡夹(图 5-55)。

(5)连接发动机线束。

①用 2 个螺栓安装 2 个线束支架(图 5-54)。

②连接 4 个线束卡夹(图 5-53)。

③连接 4 个喷油器总成连接器(图 5-52),连接 2 个线束卡夹,用 2 个螺栓连接搭铁线。

(6)连接 2 号通风软管(图 5-51)。

(7)将电缆连接到蓄电池负极端子,拧紧力矩:5.4N·m。

(8)检查燃油是否泄漏。

(9)安装 2 号汽缸盖罩。

5.2.3 点火系统主要部件的维修

卡罗拉(1.6L)乘用车点火系统部件安装位置如图 5-72 和图 5-73 所示。

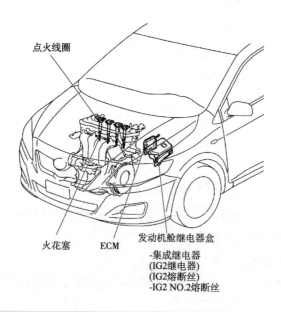

图 5-72 卡罗拉(1.6L)乘用车点火系统部件安装位置(1)

单元5 汽油机电控燃油喷射系统的构造与维修

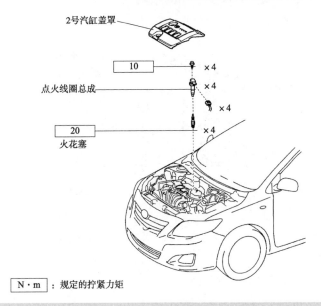

图5-73 卡罗拉(1.6L)乘用车点火系统部件安装位置(2)

1) 点火线圈和火花塞的拆卸

(1) 拆卸2号汽缸罩。

(2) 拆卸点火线圈总成。

① 如图5-74所示,断开4个点火线圈连接器。

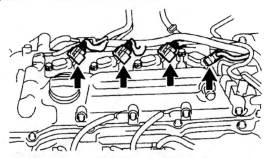

图5-74 点火线圈和火花塞的拆卸(1)

② 如图5-75所示,拆下4个螺栓和4个点火线圈。注意:拆下点火线圈时,不要损坏发动机缸盖罩开口上的火花塞盖或火花塞套管部边缘。

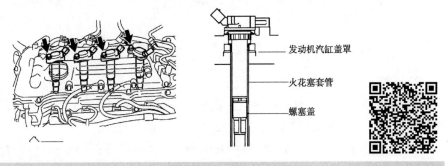

图5-75 点火线圈和火花塞的拆卸(2)

(3)拆卸火花塞。如图 5-76 所示,用 14mm 火花塞扳手和 100mm 加长杆拆下 4 个火花塞。

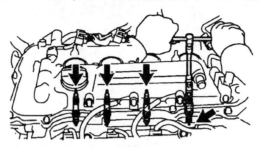

图 5-76　点火线圈和火花塞的拆卸(3)

2)点火线圈和火花塞的安装

(1)安装火花塞(图 5-76)。用 14mm 火花塞扳手和 100mm 加长杆安装 4 个火花塞。

(2)安装点火线圈总成。

①用 4 个螺栓安装 4 个点火线圈(图 5-75)。注意:安装点火线圈时,不要损坏发动机缸盖罩开口上的火花塞盖或火花塞套管底部边缘。

②连接 4 个点火线圈连接器(图 5-74)。

(3)安装 2 号汽缸罩。

5.2.4　控制系统主要部件的维修

5.2.4.1　空气流量计的维修

空气流量计安装位置如图 5-77 所示。

1)空气流量计的拆卸

如图 5-78 所示,断开空气流量计连接器,拆下 2 个螺钉和空气流量计。

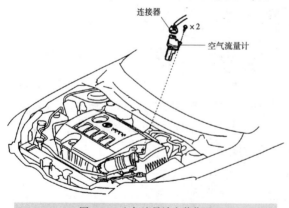

图 5-77　空气流量计安装位置

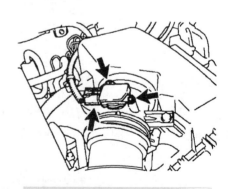

图 5-78　空气流量计的拆卸

2)空气流量计的检查

(1)如图 5-79 所示,目视检查空气流量计的铂热丝(加热器)上是否存在异物。正常:不存在异物。如果检查结果不符合规定,则更换空气流量计。

(2)如图 5-80 所示,测量端子 1(THA)与端子 2(E2)之间的电阻,应符合表 5-3 中的要求。如果测量结果不符合规定,则更换空气流量计。

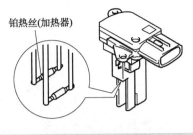 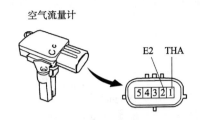

图 5-79 空气流量计的检查(1)　　　　图 5-80 空气流量计的检查(2)

标准电阻　　　　　　　　　　　　　　　　表 5-3

检测仪连接	条件(℃)	规定电阻(kΩ)
1(THA)—2(E2)	-20	13.6~18.4
1(THA)—2(E2)	20	2.21~2.69
1(THA)—2(E2)	60	0.49~0.67

3)空气流量计的安装

用2个螺钉安装空气流量计(图5-78),连接空气流量计连接器。注意:安装时,确保O形圈没有破裂或卡住。

5.2.4.2　发动机冷却液温度传感器的维修

发动机冷却液温度传感器相关部件分解图如图5-81所示。

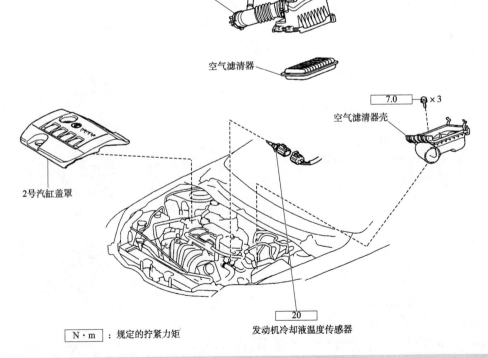

图 5-81　发动机冷却液温度传感器相关部件分解图

1)发动机冷却液温度传感器的拆卸

(1)排净发动机冷却液。

(2)拆卸2号汽缸盖罩。

(3)拆卸空气滤清器盖分总成。

(4)拆卸空气滤清器壳。

(5)拆卸发动机冷却液温度传感器。如图5-82所示,断开发动机冷却液温度传感器连接器,使用SST 09817-33190拆下发动机冷却液温度传感器和衬垫。

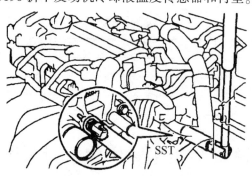

图5-82 发动机冷却液温度传感器的拆卸

2)发动机冷却液温度传感器的检查

如图5-83所示,测量端子1与端子2之间的电阻,应符合表5-4中的要求。如果测量结果不符合规定,则更换传感器。注意:在水中检查发动机冷却液温度传感器时,不要让水进入端子。检查后,应干燥传感器。

 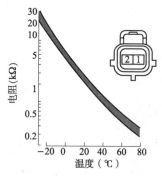

图5-83 发动机冷却液温度传感器的检查

表5-4 标 准 电 阻

检测仪连接	条件(℃)	规定电阻(kΩ)
1—2	20	2.32~2.59
	80	0.310~0.326

3)发动机冷却液温度传感器的安装

(1)使用SST 09817-33190安装发动机冷却液温度传感器(图5-82),拧紧力矩:20N·m。连接发动机冷却液温度传感器连接器。

(2)安装空气滤清器壳。

(3)安装空气滤清器盖分总成。

(4)安装2号汽缸盖罩。

(5)添加发动机冷却液。

(6)检查冷却液是否泄漏。

复习思考题

1. 汽油机电控燃油喷射系统由哪几部分组成？其基本工作原理是什么？
2. 汽油主要性能指标有哪些？如何选用汽油？
3. 空气供给系统由哪些部件组成？各部件的作用是什么？
4. 可变进气系统的作用和原理是什么？
5. 废气涡轮增压系统的工作原理是什么？
6. 排气系统由哪些部件组成？各部件的作用是什么？
7. 燃油供给系统由哪些部件组成？各部件的作用是什么？
8. 点火系统的作用是什么？由哪些部件组成？
9. 电子控制系统的功用是什么？
10. 电控燃油喷射系统使用的传感器有哪些？基本工作原理是什么？
11. 如何检查节气门体总成(车上检查)？
12. 如何检查喷油器总成？
13. 如何检查发动机冷却液温度传感器？

单元 6

冷却系统的构造与维修

知识目标

1. 掌握冷却系统的功用和组成；
2. 掌握冷却系统的工作原理；
3. 熟悉冷却液的选择方法；
4. 掌握水泵的作用、结构特点及工作原理；
5. 掌握散热器的作用、结构特点及工作原理；
6. 掌握膨胀水箱的作用、结构特点及工作原理；
7. 掌握节温器的作用、结构特点及工作原理；
8. 掌握冷却风扇的作用、结构特点及工作原理。

能力目标

1. 掌握冷却液的泄放和重新加注方法；
2. 熟悉节温器的维修方法；
3. 熟悉水泵的维修方法；
4. 了解电动冷却风扇的拆装方法；
5. 了解散热器的拆装方法；
6. 熟悉膨胀水箱的维修方法。

6.1 冷却系统的结构和工作原理

6.1.1 冷却系统的功用和组成

发动机冷却系统的功用就是使工作中的发动机得到适度的冷却，从而保持发动机在最适宜的温度范围内工作。另外,冷却系统还为暖风系统提供热源。

现代汽车多采用封闭式强制循环水冷却系统,即用水泵强制地使冷却液在冷却系统中进行循环流动,使发动机中高温零件的热量先传给冷却液,然后散发到大气中。

水冷却系统一般由水泵、散热器、节温器、冷却风扇、风扇控制机构、水套、膨胀水箱、温度指示器及报警灯等组成,如图 6-1 所示。

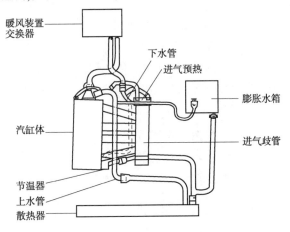

图 6-1　发动机水冷却系统示意图

发动机工作时,水泵将冷却液压入发动机汽缸体水套,然后流入汽缸盖水套吸收机体的热量。此后冷却液分两路循环(图 6-2),一路为大循环,即冷却液流经散热器冷却后,进入装在机体水泵进口处的节温器,流向水泵进水口;另一路为小循环,即冷却液直接进入节温器后的水泵进水口,不经散热器冷却。当冷却液的温度低于 85℃时,进行小循环;当冷却液高于 85℃时,部分冷却液进行大循环;当冷却液温度达到(102±3)℃时,流经散热器的冷却液全都参加大循环,而小循环是常开的,这样可使冷却系统的温度提高到一个较高的水平,改善发动机的热效率,同时可以确保冷却系统始终有冷却液在循环,保持发动机在最佳温度下工作。

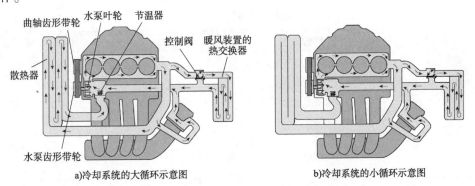

a)冷却系统的大循环示意图　　　b)冷却系统的小循环示意图

图 6-2　冷却系统的循环示意图

为了提高燃油雾化程度,利用冷却液的热量对进入进气歧管内的混合气进行预热,车上的暖风装置利用冷却液带出的热量来达到取暖目的。当需要取暖时,打开暖气控制阀,从汽缸体水套流出的部分冷却液可流入暖风热交换器供暖,随后流回水泵。

6.1.2 冷却液

冷却液是发动机冷却系统中最重要的工作介质,汽车常用的冷却液有水及加有防冻剂的防冻冷却液。

1)水冷却液

水冷却液是指直接用水作冷却液,它具有简单、方便的优点。但是,水沸点低、易蒸发,需经常添加。冷却水最好选用软水,即含盐分少的水,如雨水、雪水、自来水等。否则,水易在水套内形成水垢,从而降低汽缸盖和汽缸体的传热性能,使发动机过热。水在严寒冬季易结冰,过夜必须放水,否则会因为结冰时体积膨胀,造成胀裂汽缸体、汽缸盖的严重事故。

2)防冻冷却液

防冻冷却液主要由防冻剂与水按一定比例混合而成,最常用的防冻剂是乙二醇,乙二醇可降低冰点和提高沸点。冷却液中水与乙二醇的比例不同,其冰点也不同(表6-1)。

冷却液的冰点与乙二醇质量分数的关系　　　　　　　　　　　　　　　表6-1

冷却液冰点(℃)	乙二醇的质量分数(%)	水的质量分数(%)
-10	26.4	73.6
-20	36.2	63.8
-30	45.6	54.4
-40	52.3	47.7
-50	58.0	42.0
-60	63.1	36.9

有些车型使用的防冻冷却液中还加添有添加剂,添加剂具有防止冷却液腐蚀、沉积(水垢)、形成泡沫和过热的作用。

乙二醇型防冻冷却液有不同的牌号,应按汽车使用说明书的规定要求选用和定期更换防冻冷却液(表6-2)。注意:不同牌号的防冻冷却液不可混用。

常见发动机冷却液更换周期　　　　　　　　　　　　　　　表6-2

发动机型号	冷却液牌号	容量(L)	更换周期
卡罗拉(1.6L)乘用车发动机	Toyota Super Long Life Coolant(丰田高级长效冷却液)或类似的优质乙烯乙醇型冷却液	5.6(手动变速器车型)或5.5(自动变速器车型)	第一次行驶16万km,然后每行驶8万km更换一次
凯越(1.6L)乘用车发动机	DEX—COOL	7.2	每行驶24万km或5年
迈腾B8L乘用车发动机	冷却液G13	冷却液液位应在冷却液罐的"最低标记"与"最高标记"之间	

注:行驶里程和年数,以先达到者为准。

6.1.3 冷却系统主要部件的构造

1）水泵

水泵的作用是对冷却液加压,强制冷却液在冷却系统中循环流动。现代汽车通常采用离心式水泵。水泵一般在机体外安装,与风扇同轴驱动;也有装在机体内(内藏式)单独驱动的。

离心式水泵主要由泵壳、叶轮、泵盖、水泵轴、支承轴承、水封等组成,如图6-3a)所示。

如图6-3b)所示,当叶轮旋转时,水泵中的冷却液被叶轮带动一起旋转,并在离心力作用下向叶轮边缘甩出,经与叶轮成切线方向的出水管压送到发动机的水套内。与此同时,叶轮中心处造成一定的真空而将冷却液从进水管吸入,如此连续的作用,使冷却液在水路中不断地循环。

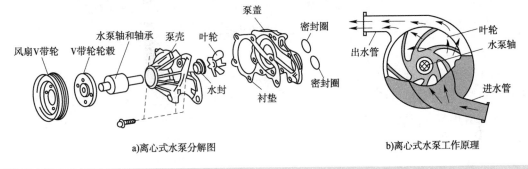

a)离心式水泵分解图　　　　b)离心式水泵工作原理

图6-3　水泵

2）散热器

散热器的功用是使水套中出来的热冷却液得到迅速冷却,以保持发动机的正常冷却液温度。散热器的主要组成为上储水室、下储水室、散热器芯(包括冷却管和散热带)和散热器盖等,如图6-4所示。

（1）上储水室和下储水室。上储水室顶部有加水口,平时用散热器盖盖住,并装有进水软管,与发动机上出水管相连。下储水室有出水管,用软管与水泵进水口相连。一般在下储水室中还装有放水阀。由发动机出水管流出的温度较高的热冷却液进入上储水室,经散热器冷却管散热冷却后流入下储水室,由散热器出水管流出后被吸入水泵。

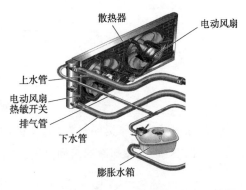

图6-4　散热器的组成

（2）散热器芯。散热器芯由许多扁圆形的冷却管和散热片组成。冷却管焊接在上、下储水室之间,作为冷却液的通道。空气吹过管的外表面,从而使管内流动的冷却液得到冷却。冷却管周围布置了很多散热片,用来增加散热面积,同时增加整个散热器的刚度和强度。

（3）散热器盖。现代汽车发动机多采用封闭式水冷却系统,这种冷却系统的散热器盖装有一个空气阀和一个蒸汽阀,对冷却系统有密封加压作用。发动机处于正常热态时,阀门关闭,可将冷却系统与大气隔开,防止水蒸气逸出,使系统内压力稍高于大气压力,从而可增高冷却液的沸点,保证发动机在较长时间及较高负荷下工作。如图6-5所示,当散热器中压力升高到一定压力时,蒸汽阀便开启,使水蒸气从通气孔排出,以防热膨胀压坏散热器芯管;当冷却液温度降低,冷却系统中蒸汽凝结为水,散热器内形成一定真空时,空气阀开启,空气从通气孔进入冷却系统,避免压力差将散热器芯管压瘪。

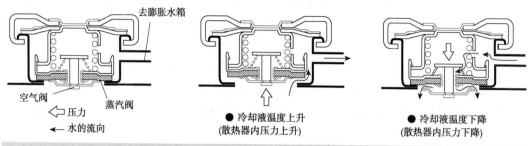

图6-5 具有空气阀—蒸汽阀的散热器盖

3)膨胀水箱

加注防锈、防冻液的汽车发动机常采用膨胀水箱(图6-6)。发动机工作时冷却液温度升高并膨胀,使散热器内压力上升。当压力达到规定值以上时,让一部分冷却液流回膨胀水箱以保持散热器内压力。停车时,冷却液温度降低,散热器内压力下降,膨胀水箱内的冷却液受大气压的作用流回散热器。

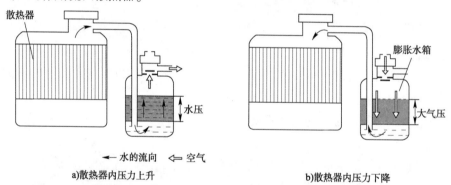

图6-6 膨胀水箱

膨胀水箱多用半透明材料(如塑料)制成,透过箱体可直接观察到冷却液的液面高度,无需打开散热器盖,冷却液的液面高度应在MAX与MIN之间(图6-7)。

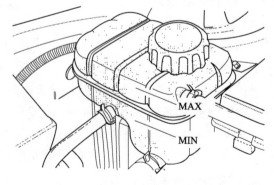

图6-7 检查冷却液的液面高度

4) 节温器

节温器安装在冷却液循环的通路中(一般安装在汽缸盖的出水口),根据发动机负荷的大小和冷却液温度的高低自动改变冷却液的循环流动路线,以达到调节冷却系统冷却强度的目的。

汽车发动机广泛采用蜡式节温器(图6-8)。节温器推杆的一端固定于支架的中心处,另一端插入胶管的中心孔中。胶管与节温器外壳之间形成的腔体内装有精制石蜡。常温时,石蜡呈固态,阀门压在阀座上,这时阀门关闭了通往散热器的水路,来自发动机缸盖出水口的冷却液经水泵又流回汽缸体水套中进行小循环。当发动机冷却液温度升高时,石蜡逐渐变成液态,体积随之增大,迫使橡胶管收缩,从而对推杆上端头产生向上的推力。由于推杆上端固定,故推杆对橡胶管、感应体产生向下的反推力,阀门开启。当发动机冷却液温度达到规定温度以上时,阀门全开,来自汽缸盖出水口的冷却液流向散热器,进行大循环。

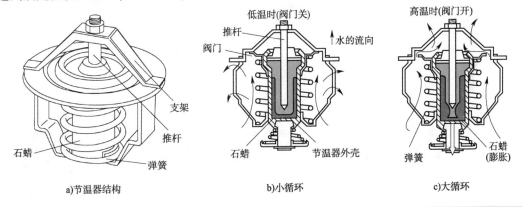

图6-8 节温器

5) 冷却风扇

冷却风扇的功用是提高流经散热器的空气流速和流量,以增强散热器的散热能力并冷却发动机附件。冷却风扇多装在发动机与散热器之间,与水泵同轴驱动。这样,当风扇转动时,对空气产生轴向吸力,空气流从前到后通过散热器芯,从而使散热器芯中的冷却液加速冷却。

风扇的扇风量与风扇的直径、转速、叶片形状、叶片安装角度以及叶片数目有关,目前车用水冷发动机大多数采用轴流式风扇(图6-9)。

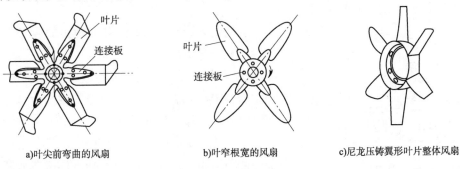

图6-9 风扇形式

在乘用车上大多采用电动冷却风扇(图6-10)。电动冷却风扇系统一般由电动冷却风扇温度传感器(水温开关)、风扇、电动机等组成。根据冷却液温度变化,使风扇断续工作,从而提高了整车的经济性能。另外,电动冷却风扇还省去了风扇传动带及带轮,风扇叶片尺寸和散热器等布置自由度大,具有能耗低、噪声小等优点。

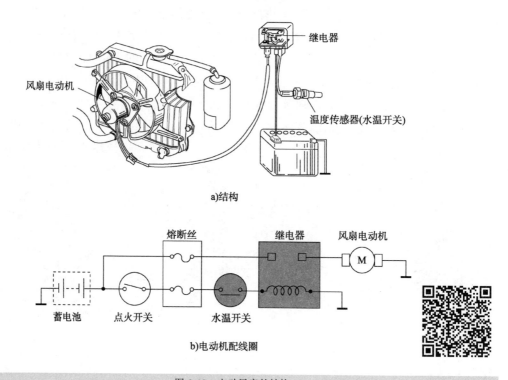

图6-10 电动风扇的结构

6.2 冷却系统的维修

本单元以凯越(1.6L)乘用车发动机冷却系统的维修(车上维修)为例进行说明。

6.2.1 冷却液的泄放和重新加注

注意:维修冷却系统部件时,禁止在发动机和散热器热机时拧开膨胀水箱盖。在压力作用下,可能会喷出滚烫的液体和蒸汽。

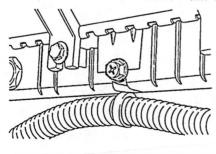

图6-11 冷却液的泄放和重新加注(1)

(1)把接收盘放在车下,接收放出的冷却液。
(2)拧开膨胀水箱盖。
(3)如图6-11所示,拧开泄放塞。
(4)用接收盘接收放出的冷却液。注意:将旧冷却液放入旧冷却液接收箱中,与旧机油一起收集后进行处理。禁止将旧冷却液排入下水道。乙二醇防冻液是一种剧毒化工产品。将旧冷却液倾入下水道,会造成当地环境污染。

(5)清除膨胀水箱中的所有尘渣和污物。

(6)拧上泄放塞,如图6-12所示。

(7)将清水加入膨胀水箱。

(8)缓慢添加,使散热器上软管保持在水线以上,从而让冷却系统内的空气溢出。

(9)起动发动机。

(10)运行发动机,直到节温器打开。当两条散热器软管都感觉烫手时,可认定节温器打开。

(11)熄灭发动机。

(12)重复步骤(1)~(9),直到排出清洁的水,没有冷却液和铁锈。

(13)通过膨胀水箱,将乙二醇防冻液和水的混合液加注到冷却系统中。冷却液中的防冻液浓度至少要达到50%,但不能超过60%(高于此浓度后,溶液冰点上升)。

(14)将冷却液加至膨胀水箱外侧的MAX(最高)标记,如图6-13所示。凯越(1.6L)乘用车(手动变速器车型)的冷却液加注量应为7.0L。

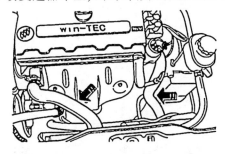 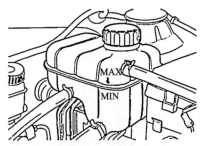

图6-12 冷却液的泄放和重新加注(2)　　图6-13 冷却液的泄放和重新加注(3)

6.2.2 节温器的维修

水泵和节温器的分解图如图6-14所示。

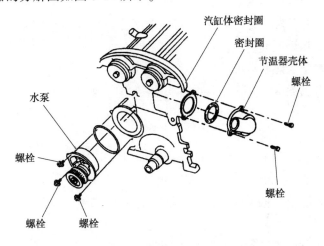

图6-14 水泵和节温器的分解图

1)节温器的拆卸

(1)放出冷却液。

(2)从节温器壳体上松开散热器上软管卡箍。

(3)如图6-15所示,从节温器壳体上断开散热器上软管。

(4)松开旁通软管卡箍。

(5)从节温器壳体上断开旁通软管。

(6)如图6-16所示,拆卸节温器壳体至汽缸盖安装螺栓。

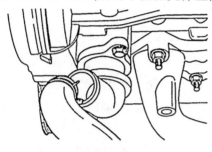

图6-15 节温器的拆卸(1)　　图6-16 节温器的拆卸(2)

(7)从汽缸盖上拆卸节温器壳体。

(8)从汽缸盖上拆卸O形密封圈。

(9)检查阀门座是否有可能导致阀门无法正确安装的异物。

(10)检查节温器的工作是否正常。

(11)清理节温器壳体和汽缸盖配合面。

2)节温器的测试

(1)从车上拆卸节温器。

(2)确保节温器全闭时,阀门弹簧压紧。如果弹簧不紧,更换节温器。

(3)将节温器和温度计吊入装有50∶50的乙二醇和水混合液的锅中。勿使节温器或温度计接触锅底,否则由于锅底受热不均匀,将使温度计测量的读数不准确。

(4)用燃烧器加热锅底。

(5)用温度计测量受热溶液的温度。

(6)节温器的开启温度为87℃,全开温度为102℃。如果不在这些温度下打开,更换节温器。

3)节温器的安装

(1)将新O形密封圈密封面涂上Lubriplater润滑油。

(2)将新O形密封圈安装到汽缸盖的凹槽中。

(3)用安装螺栓将节温器壳体固定到汽缸盖上,紧固节温器壳体安装螺栓(图6-16),拧紧力矩:20N·m。

(4)将散热器上软管连接到节温器壳体上(图6-15)。

(5)用软管卡箍将散热器上软管固定到节温器壳体上。

(6)将旁通软管连接到节温器壳体上。

(7)用软管卡箍固定旁通软管。

(8)重新为发动机冷却系统加注冷却液。

6.2.3 水泵的维修

1)水泵的拆卸

(1)放出发动机冷却液,使液面低于节温器壳体。

(2)拆卸正时带。

(3)如图6-17所示,拆卸正时带张紧轮固定螺栓。

(4)拆卸正时带张紧轮。

(5)如图6-18所示,拆卸水泵安装螺栓。

(6)从发动机缸体上拆卸水泵。

(7)从水泵上拆卸密封圈。

2)水泵的检查(图6-19)

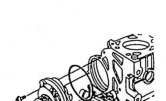
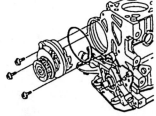
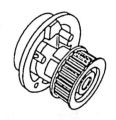

图6-17 水泵的拆卸(1)　　图6-18 水泵的拆卸(2)　　图6-19 水泵的检查

(1)检查水泵壳体是否开裂和泄漏。

(2)检查水泵轴承是否有间隙或异常噪声。

(3)检查水泵传动带轮是否严重磨损。如果水泵有故障,更换水泵总成。

(4)清理水泵和发动机缸体配合面。

3)水泵的安装

(1)将新密封圈安装到水泵上。

(2)将新密封圈密封面涂上Lubriplater润滑油。

(3)使凸缘对准后正时带罩凹槽,以将水泵安装到发动机缸体上。

(4)用安装螺栓将水泵安装到发动机缸体上,紧固水泵安装螺栓(图6-18),拧紧力矩:25N·m。

(5)在凸缘进入机油泵凹槽后,将正时带张紧轮安装到机油泵上。

(6)安装正时带张紧轮螺栓(图6-17)。

(7)安装正时带。

(8)重新为发动机冷却系统加注冷却液。

6.2.4 电动冷却风扇(主风扇或辅风扇)的拆装

风扇和散热器的分解图如图 6-20 所示。

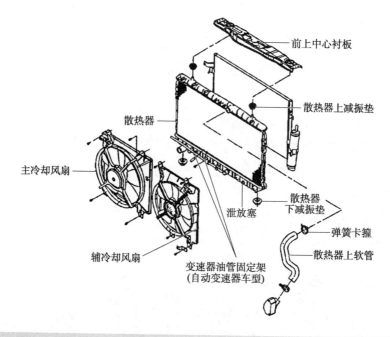

图 6-20　风扇和散热器的分解图

1)电动冷却风扇的拆卸

(1)断开蓄电池负极电缆。

(2)断开冷却风扇电气连接器。

(3)如图 6-21 所示,拆卸风扇罩安装螺栓。

(4)向上提出风扇罩总成,并从车上拆卸风扇罩总成。

(5)如图 6-22 所示,拆卸风扇毂中心的螺母,从风扇罩上拆卸风扇叶片。

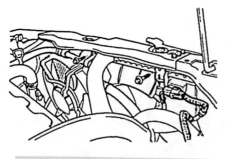

图 6-21　电动冷却风扇的拆卸(1)

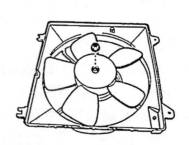

图 6-22　电动冷却风扇的拆卸(2)

(6)翻转风扇罩总成。

(7)如图 6-23 所示,拆卸风扇电动机固定螺钉。

(8)从风扇罩上拆卸风扇电动机。

2）电动冷却风扇的安装

注意：如果风扇叶片弯曲或损坏，禁止修理或继续使用损坏的零件。务必更换弯曲或损坏的风扇总成。风扇总成必须保持合适的平衡。不平衡的风扇总成会在使用时失灵和飞出，极度危险。弯曲或损坏的风扇总成无法保证具有合适的平衡。

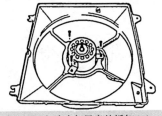

图6-23　电动冷却风扇的拆卸(3)

(1)将风扇电动机安装到风扇罩上。

(2)用固定螺钉将电动机固定到风扇罩上，紧固风扇电动机固定螺钉（图6-23），拧紧力矩：4N·m。

(3)翻转风扇罩总成。

(4)用风扇毂中心的螺母，将风扇安装到风扇罩上，紧固风扇电动机螺母（图6-22），拧紧力矩：3.2N·m。

(5)将风扇罩总成安装到散热器上。注意：小心将风扇罩上的安装柱放入散热器左侧的座中。务必将风扇罩底边的锁片滑入靠近散热器中心的固定卡夹中。

(6)用安装螺栓将风扇罩固定在散热器顶部，紧固风扇总成安装螺栓（图6-21），拧紧力矩：4N·m。

(7)连接冷却风扇电气连接器。

(8)连接蓄电池负极电缆。

6.2.5　散热器的拆装

1)散热器的拆卸

(1)断开蓄电池负极电缆。

(2)放出发动机冷却液。

(3)拆卸主、辅冷却风扇。

(4)如图6-24所示，拆卸散热器上固定螺栓。

(5)拆卸散热器上固定托架。

(6)拆卸散热器上软管卡箍。

(7)从散热器上断开散热器上软管。

(8)从散热器膨胀水箱软管上拆卸软管卡箍。

(9)从散热器上断开膨胀水箱软管。

(10)拆卸散热器下软管卡箍。

(11)从散热器上断开散热器下软管。

(12)从散热器下储水室上断开变速驱动桥冷却器管(若装备)。

(13)如图6-25所示，从散热器上拆卸螺栓和变速驱动桥管架卡箍。

(14)从车上拆卸散热器。

注意：散热器中仍有大量冷却液。将散热器中剩余的冷却液放入接收盘。

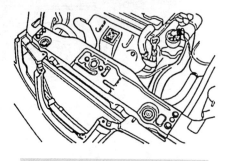 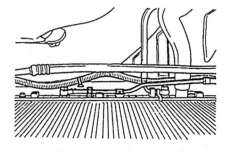

图 6-24　散热器的拆卸(1)　　　　图 6-25　散热器的拆卸(2)

2)散热器的安装

(1)将散热器安装在车上,使散热器底柱进入橡胶减振器中。

(2)将变速驱动桥冷却器管连接到散热器下储水室上(若装备)。

(3)用螺栓将变速驱动桥管和管架卡箍安装到散热器上。

(4)将膨胀水箱软管连接到散热器上。

(5)用软管卡箍固定膨胀水箱软管。

(6)将散热器上软管和散热器下软管连接到散热器上。

(7)用软管卡箍固定每条软管。

(8)将散热器保持器就位。

(9)安装上散热器保持器托架。

(10)安装上散热器固定螺栓,紧固散热器固定螺栓,拧紧力矩:8N·m。

(11)安装主、辅冷却风扇。

(12)重新为发动机冷却系统加注冷却液。

(13)连接蓄电池负极电缆。

6.2.6　膨胀水箱的维修

1)膨胀水箱的拆卸

(1)放出发动机冷却液至膨胀水箱液面以下。

(2)如图 6-26 所示,松开回水软管卡箍并从膨胀水箱顶部断开回水软管。

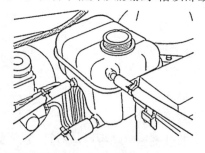

图 6-26　膨胀水箱的拆卸(1)

(3)松开节气门壳体软管卡箍并从膨胀水箱顶部断开节气门体软管。

(4)松开进水软管卡箍并从膨胀水箱底部断开进水软管。

(5)如图6-27所示,拆卸膨胀水箱连接螺栓。

(6)从支座上拆卸膨胀水箱。

2)膨胀水箱的安装

(1)将膨胀水箱安装到支座上。

(2)用连接螺栓固定膨胀水箱,紧固膨胀水箱连接螺栓(图6-27),拧紧力矩:5N·m。

(3)将回水软管和节气门壳体软管连接到膨胀水箱顶部。

(4)将进水软管连接到膨胀水箱底部。

(5)用软管卡箍将回水软管、节气门壳体软管和进水软管固定到膨胀水箱上。

(6)将冷却液加至膨胀水箱中间或MAX(最高)标记。

3)膨胀水箱盖测试

膨胀水箱盖保持合适的压力,通过打开压力阀,避免系统压力过高,并防止冷却液软管因真空而塌陷。

(1)冲洗膨胀水箱盖和膨胀水箱盖真空阀阀座中的尘渣。

(2)检查膨胀水箱盖真空压力阀是否损坏或变形。如果发现损坏或变形,更换膨胀水箱盖。

(3)如图6-28所示,用KM-471转换接头将合适的冷却系统压力检测器连接到膨胀水箱盖上。

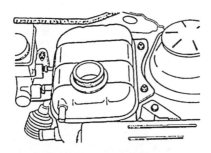 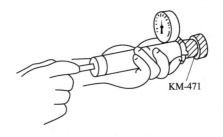

图6-27 膨胀水箱的拆卸(2)　　图6-28 膨胀水箱盖测试

(4)拔开真空压力阀。如果膨胀水箱盖密封不严,更换膨胀水箱盖。

(5)给膨胀水箱盖加压至90~120kPa。

(6)等候10s,然后检查膨胀水箱盖压力检测器保持的压力。

(7)如果冷却系统压力检测器保持的压力下降到80kPa以下,更换膨胀水箱盖。

复习思考题

1. 冷却系统的功用是什么?
2. 水冷却系统一般由哪些部件组成?
3. 冷却液是如何循环的?
4. 水泵的作用、组成和工作原理是什么?

5. 膨胀水箱作用是什么？
6. 节温度器作用是什么？其工作原理是什么？
7. 冷却液的泄放和重新加注的方法是什么？
8. 如何测试节温器？
9. 膨胀水箱盖的测试方法是什么？

单元 7
润滑系统的构造与维修

1. 掌握润滑系统的功用、组成和工作原理；
2. 掌握机油的分类方法和选用原则；
3. 掌握常见机油泵的结构特点和工作原理；
4. 掌握机油滤清器的作用与工作原理；
5. 掌握检查机油液面高度的方法；
6. 了解曲轴箱强制通风工作原理。

能力目标

1. 掌握机油压力的测试方法；
2. 掌握发动机机油和机油滤清器的更换方法；
3. 熟悉油底壳的维修方法；
4. 熟悉发动机前盖和机油泵的维修方法。

7.1 润滑系统的结构和工作原理

7.1.1 润滑系统的功用及组成

当发动机工作时，各运动部件都必须用发动机润滑油(又称机油)来润滑。润滑系统的功用就是将机油输送到发动机各个需要润滑的部位，以达到提高发动机工作可靠性和耐久性的目的。

如图 7-1 所示，润滑系统主要由机油泵、机油滤清器、集滤器、油道等组成，另外包括机油压力开关、机油指示灯(在仪表板上)、机油冷却器等。

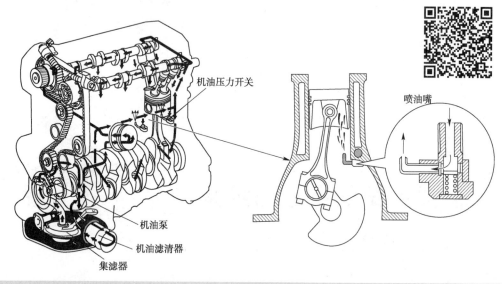

图7-1 润滑系统的组成

图7-2所示为润滑系统示意图。机油泵由发动机驱动,将油底壳内的机油经集滤器、机油冷却器、机油滤清器输送到各润滑部位,润滑结束后的机油流回到油底壳中。经过汽缸体、汽缸盖上的油道,输送到曲轴轴颈、连杆轴颈、凸轮轴轴颈的机油,使轴浮在轴承(轴瓦)上旋转。旋转的曲轴曲柄飞溅起来的机油,在汽缸壁等金属表面形成油膜,使摩擦减小。

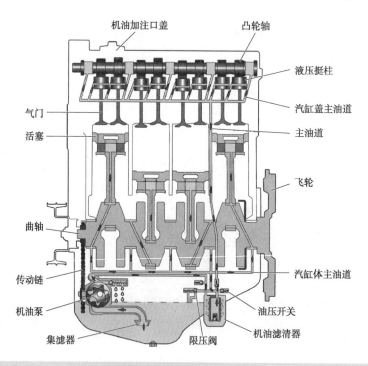

图7-2 发动机润滑系统示意图

7.1.2 机油

1）机油的功用

机油除了最基本的润滑作用外,还具有冷却、清洗、缓冲、密封和防锈等功能。

2）机油的分类

国际上广泛采用SAE(美国汽车工程师协会)黏度等级分类法和API(美国石油协会)使用性能分类法对机油进行分类。

SAE按照不同的黏度等级,将机油分为冬季用机油和非冬季用机油两类。冬季用机油有6种牌号:SAE 0W、SAE 5W、SAE 10W、SAE 15W、SAE 20W和SAE 25W,符号W代表冬季,W前的数字越小,其低温黏度越小,低温流动性越好,适用的最低气温越低;非冬季用机油有4种牌号:SAE 20、SAE 30、SAE 40和SAE 50,数字越大,其黏度越大,适用的最高气温越高。

如果使用上述牌号的单级机油,需要根据季节和气温的变化经常更换机油。目前普遍使用多级机油,例如SAE 5W-30机油,在低温下使用时黏度与SAE 5W一样,在高温下使用时黏度又与SAE 30相同,因此可以冬夏通用。可根据车辆所在地气温选择适当黏度的机油,如图7-3所示。

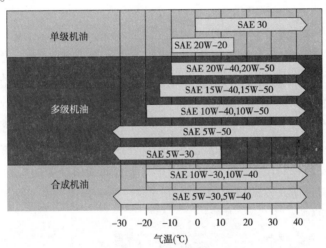

· 号数越大,机油的黏度越高,适用于较高的气温。
· 合成机油可以减小发动机运动部件的摩擦,因此能够节省燃油。

图7-3 根据气温选择机油

API根据机油的性能及其适合使用的场合,将机油分为S系列和C系列两类。

S系列为汽油机机油,共有SA、SB、SC、SD、SE、SF、SG、SH、SJ、SL、SM、SN 12种等级,以SN等级为最新。S代表的是汽油发动机机油,后面的英文字母为其等级区别。从SA一直到SN,每递增一个字母,机油的性能都会优于前一种,机油中会有更多用来保护发动机的添加剂。字母越靠后,质量等级越高。

C系列为柴油机机油,共有CA、CB、CC、CD、CD-2、CE、CF、CF-2、CF-4、CG-4、CH-4、CI-4、CJ-4 13种等级。C所指的则是柴油发动机机油,后面的字母顺序越后面所代表的等级越高。

《内燃机油分类》(GB/T 28772—2012)是参考 API、SAE 编制的,淘汰了早期生产的机油,目前我国汽油发动机机油的品种有:SE、SF、SG、SH(GF-1)、SJ(GF-2)、SL(GF-3)、SM(GF-4)和 SN(GF-5),GF 系列与同级别的 API 等级相比,增加了对燃料经济性的要求。柴油发动机机油的品种有:CC、CD、CF、CF-2、CF-4、CG-4、CH-4、CI-4 和 CJ-4。

3)机油的更换周期

机油在使用过程中,由于高温氧化及燃烧物混入等原因影响,将劣化变质,润滑性能下降。因此,机油应适时更换,机油滤清器也同时更换。

机油更换周期,因车型和行驶环境而不同(表 7-1)。如果汽车经常频繁起步、短距离行驶或在多尘地区使用,机油的更换周期应相应缩短。

常见发动机的机油更换周期　　　　　　　　　　　　　表 7-1

发动机型号	机油更换周期	
	行驶里程(km)	行驶时间(月)
卡罗拉(1.6L)乘用车发动机	5000	6
科鲁兹(1.6L)乘用车发动机	10000	6
凯越(1.6L)乘用车发动机	10000	6

注:行驶里程和月数,以先达到者为准。

7.1.3　润滑系统主要部件的构造

1)机油泵

机油泵一般安装在汽缸体的下部,由发动机曲轴直接驱动,将机油输送到发动机各运动部件接触面。机油泵常见的结构形式有 3 种。

(1)外啮合齿轮式机油泵。如图 7-4 所示,两个互相啮合的齿轮高速旋转,在进油口处,由于两个轮齿逐渐脱离啮合而使进油腔容积增大,腔内产生一定的真空,机油经进油口被吸入进油腔,随后被轮齿带到出油腔。轮齿逐渐进入啮合而使出油腔的容积减小,使机油压力升高,机油经出油口被压入发动机内的润滑油道中。外啮合齿轮式机油泵由于驱动阻力最小,因此工作效率也较高。

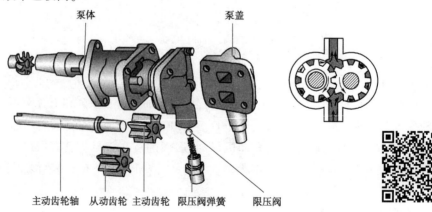

图 7-4　外啮合齿轮式机油泵

(2)内啮合齿轮式机油泵。如图7-5所示,内齿轮套在曲轴前端,为主动齿轮,机油通过月牙形隔板左、右的间隙进行输送。由于这种机油泵内、外齿轮之间有多余空间,因此工作效率较低。

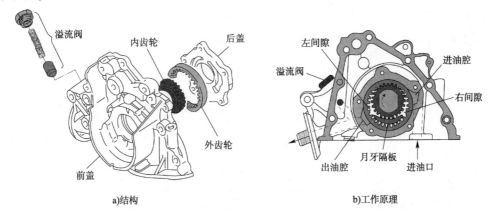

图7-5 内啮合齿轮式机油泵

(3)转子式机油泵。如图7-6所示,内转子为主动转子,内、外转子之间有一定的偏心距。内转子的凸齿比外转子的凹齿少1个,使得两转子之间存在转速差,旋转时两转子之间的工作腔容积不断变化,容积变大时吸油,变小时压油。这种机油泵供油压力高、噪声比较小。卡罗拉(1.6L)乘用车发动机的机油泵采用转子式机油泵。

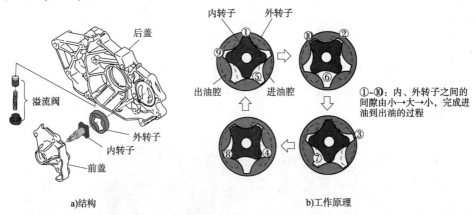

图7-6 转子式机油泵

溢流阀(又称安全阀或限压阀)安装在机油泵壳体上,控制润滑系统的最高油压,当油压达到规定值时,溢流阀自动开启使多余的机油流回油底壳。

2)机油集滤器

机油集滤器装在机油泵之前的吸油口端,多采用滤网式,防止粒度大的杂质进入机油泵。汽车发动机使用的集滤器有浮式集滤器和固定式集滤器两种。

(1)浮式集滤器。浮式集滤器(图7-7)工作时漂浮于机油油面上,以保证机油泵总是吸入最上层较清洁的机油,但油面上的泡沫易被吸入,造成机油压力降低,润滑可靠性差。

当机油泵工作时,机油从罩的边缘被吸入,经过滤网滤除较大的杂质后进入机油泵。如果滤网堵塞时,滤网上部产生真空,从而克服滤网弹性将滤网吸起,滤网中心处的环口离开罩,润滑油便不经过滤网而从环口直接被吸入机油泵,保证润滑不致中断。

(2)固定式集滤器。固定式集滤器(图7-8)装在机油油面下面,吸入的机油清洁度比浮式集滤器稍差,但可防止泡沫吸入,润滑可靠,结构简单,使用广泛。

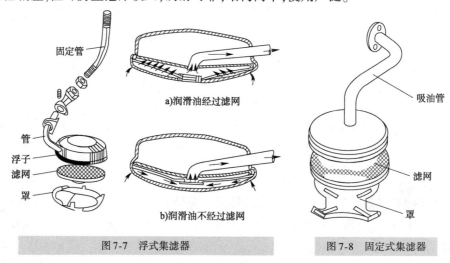

图7-7 浮式集滤器　　图7-8 固定式集滤器

3)机油滤清器

机油滤清器的作用是滤除掉机油中的金属粉末、机油氧化物和燃烧物。为了防止滤清器堵塞失效,必须定期进行更换,一般在更换机油的同时也更换机油滤清器。

如图7-9所示,当滤清器没有及时更换或其他原因造成滤芯堵塞时,油压升高使旁通阀开启,机油将不通过滤芯直接进入汽缸体油道。

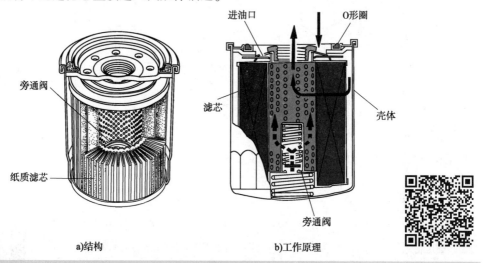

图7-9 机油滤清器

4)机油散热器

在高性能大功率的强化发动机上,由于热负荷大,必须装设机油散热器,以对润滑油进行强制冷却。机油散热器布置在润滑油路中,有风冷式和水冷式两种形式。

(1)风冷式机油散热器。风冷式机油散热器(图7-10)一般安装在发动机冷却系统散热器前面,利用冷却风扇的风力使机油冷却。

(2)水冷式机油散热器。水冷式机油散热器又称机油冷却器(图7-11)装在发动机冷却水路中,当机油温度较高时,靠冷却液降温;而起动暖车期间油温较低时,则从冷却液吸热迅速提高机油温度。

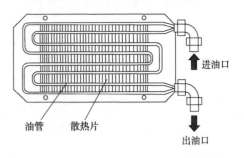

图7-10 风冷式机油散热器

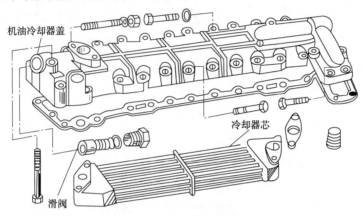

图7-11 水冷式机油散热器

5)机油尺

油底壳内保持一定量的机油,是润滑系统正常工作的前提,因此要经常检查机油的液面高度。机油的液面是通过观察拔出的机油尺来检查的,如图7-12所示。

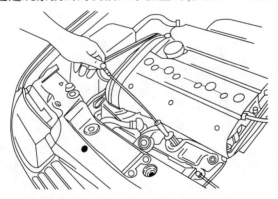

图7-12 机油尺的位置

将汽车停放在平坦的地面上,起动发动机预热3~5min(冷却液温度达到60~70℃),停止发动机运转2~3min后拔出机油尺,如果机油液面处于上限(MAX或F标记)、下限(MIN或L标记)之间(图7-13),说明不缺少机油。

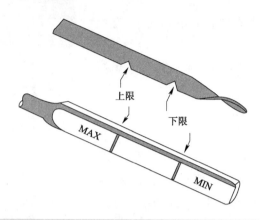

图 7-13 检查机油液面高度

7.1.4 曲轴箱强制通风系统

发动机工作时,高压的可燃混合气或废气会窜入曲轴箱内,使润滑油中形成泡沫,破坏润滑油的供给,也可能导致润滑油变质、机油泄漏等不良后果。

曲轴箱强制通风就是利用发动机进气管道的真空作用,使窜入曲轴箱内气体被吸入汽缸。曲轴箱强制通风系统如图 7-14 所示。发动机工作时,在进气管内真空作用下,窜入曲轴箱内的气体经钢丝网、曲轴箱通气软管和 PCV 阀被吸入到进气歧管并进入汽缸燃烧。新鲜空气经滤网和空气软管进入到曲轴箱内,形成不断的对流。在曲轴箱通气软管上装有止回阀(PCV 阀)是为了防止在发动机低速小负荷时进气管的真空度太大而将机油从曲轴箱内吸出。

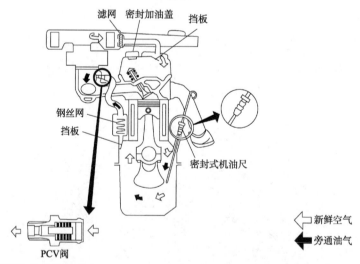

图 7-14 曲轴箱强制通风系统

7.2 润滑系统的维修

本单元以科鲁兹(1.6L)乘用车发动机润滑系统的维修为例进行说明。

7.2.1 机油压力的测试

1）拆卸程序

(1) 打开发动机舱盖。

(2) 断开蓄电池负极电缆。

(3) 断开加热型氧传感器线束插头。

(4) 拆下机油尺套管。

(5) 如图7-15所示,拆下线束托架螺栓和线束托架。

(6) 拆下2个排气歧管隔热罩螺栓。

(7) 拆下排气歧管隔热罩。

(8) 如图7-16所示,拆下封闭螺栓。

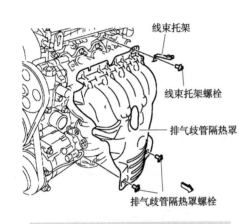

图7-15 机油压力的测试(1)

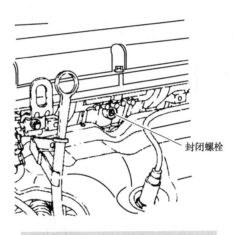

图7-16 机油压力的测试(2)

(9) 清洁螺纹。

2）测量程序

(1) 如图7-17所示,安装EN-498-B机油压力表。

(2) 安装EN-232机油压力检查适配器。

(3) 起动发动机。

(4) 检查机油压力。发动机怠速时,机油压力必须至少为130kPa,且机油温度必须为80℃或以上。

3）安装程序

(1) 关闭发动机。

(2) 拆下EN-232机油压力检查适配器。

(3) 拆下EN-498-B机油压力表。

(4) 将新的封闭螺栓安装在汽缸盖内(图7-17)。

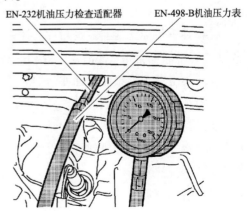

图7-17 机油压力的测试(3)

(5)将封闭螺栓紧固至15N·m。

(6)安装排气歧管隔热罩(图7-16)。

(7)安装2个排气歧管隔热罩螺栓(图7-16),并紧固至8N·m。

(8)安装线束托架和线束托架螺栓(图7-16),并紧固至15N·m。

(9)安装机油尺套管。

(10)连接加热型氧传感器线束插头。

(11)连接蓄电池负极电缆。

(12)关闭发动机舱盖。

(13)检查发动机机油油位。

7.2.2　发动机机油和机油滤清器的更换

1)拆卸程序

(1)打开发动机舱盖。

(2)将一个接液盘置于下面。

(3)如图7-18所示,拆下机油滤清器盖。

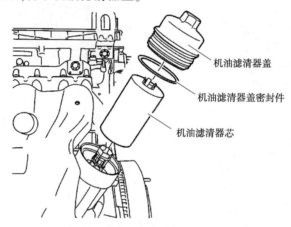

图7-18　机油滤清器的拆卸

(4)拆下机油滤清器盖密封件。注意:本发动机使用专用高性能机油滤清器。使用任何其他滤清器都可能导致滤清器失效和/或发动机严重损坏。

(5)拆下并正确报废机油滤清器芯。

(6)举升和顶起车辆。

(7)拆下机油放油螺塞。

(8)将发动机机油排到接液盘中。

2)安装程序

(1)清洁放油螺塞螺纹和油底壳中的螺纹。

(2)将一个新的密封件安装到放油螺塞上。

(3)将放油螺塞安装到油底壳上并紧固至14N·m。

(4)降下车辆。

(5)安装新的机油滤清器滤芯(图7-19)。注意:给密封圈涂上新发动机机油。

(6)安装新的机油滤清器盖密封件(图7-19)。注意:过度拧紧机油滤清器盖可能导致机油滤清器盖受损,从而导致漏油。

(7)安装机油滤清器盖(图7-19),并紧固至25N·m。注意:使用任何非推荐黏度的发动机机油都可能造成发动机损坏,必须使用具有规定黏度等级的发动机机油。起动发动机并使其运转,直到机油压力控制指示灯熄灭。检查发动机机油油位。

(8)加注新发动机机油。发动机机油规格为SAE 5W-30,更换机油(包括滤清器)容量为4.5L。

(9)关闭发动机舱盖

(10)重新设置GM机油寿命系统。

7.2.3 油底壳的维修

1)拆卸程序

(1)将车辆举升至最大高度。

(2)将接液盘置于下面。

(3)拆下机油放油螺塞。

(4)收集发动机机油。

(5)安装新密封圈和放油螺塞,并紧固至14N·m。

(6)完全降下车辆。

(7)拆下机油尺套管。

①打开发动机舱盖。

②拆下机油尺。注意:如果发动机机油油位处于最高位置,在取出机油尺套管时,一些机油可能会溢出。

③将接液盘置于下面。

④如图7-19所示,拆下机油尺套管螺栓。

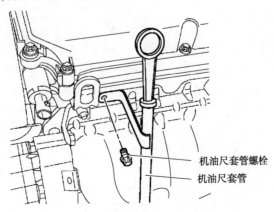

图7-19 油底壳的拆卸(1)

⑤拆下机油尺套管和机油尺密封件。

(8)将车辆举升至最大高度。

(9)如图7-20所示,拆下前舱防溅罩。

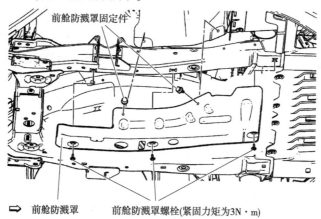

图7-20 油底壳的拆卸(2)

(10)如图7-21所示,拆下前排气管。

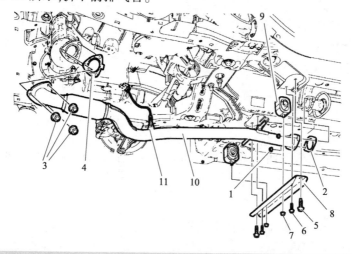

图7-21 油底壳的拆卸(3)

1-前排气管至排气消声器螺母(数量:2,拧紧力矩为17N·m);2-前排气管至排气消声器衬垫;3-催化转化器至前排气管螺母(数量:3,拧紧力矩为22N·m);4-催化转化器至前排气管衬垫;5-传动系统和前副车架支座螺栓 M10(数量:2,拧紧力矩为60N·m+30°-45°);6-排气管前吊架托架螺栓 M8(数量:2,拧紧力矩为22N·m);7-排气管前吊架隔振垫螺母(数量:2,拧紧力矩为17N·m);8-排气管前吊架托架;9-排气消声器隔振垫(数量:2);10-前排气管;11-加热氧传感器(拧紧力矩为42N·m)

(11)如图7-22所示,将2个油底壳螺栓从油底壳和变速器上拆下。注意:用合适的工具沿着周边均匀地拆下油底壳。

(12)如图7-23所示,拆下15个油底壳螺栓,使用螺丝刀或其他合适的工具拆下油底壳。

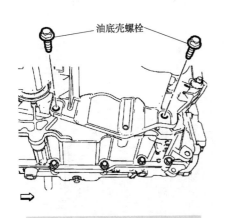

图 7-22 油底壳的拆卸（4）

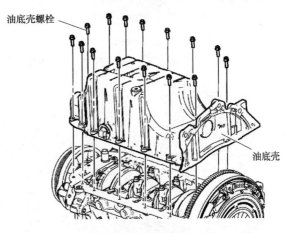

图 7-23 油底壳的拆卸（5）

(13) 如图 7-24 所示，为了防止损坏机油滤网，确保机油滤网留在油底壳中。若机油滤网触碰到汽缸体，将其推入油底壳中。

(14) 拆下油底壳。

2) 油底壳的清洁和检查

(1) 如图 7-25 所示，拆下 2 个油底壳挡板螺栓和油底壳挡板。

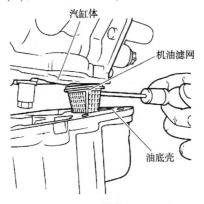

图 7-24 油底壳的拆卸（6）

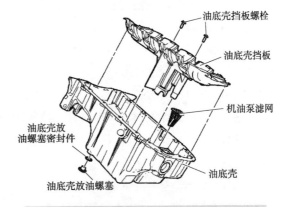

图 7-25 油底壳的清洁和检查

(2) 拆下机油泵滤网。

(3) 清洁油底壳，除去所有油泥和机油沉淀物。

(4) 拆下油底壳放油螺塞和油底壳放油螺塞密封件。

(5) 检查油底壳放油螺塞的螺纹。

(6) 检查油底壳的油道和变速器安装点附近是否开裂。

(7) 检查油底壳是否因碰撞或飞石而开裂。

(8) 检查油底壳挡板和机油泵滤网。

(9) 必要时，修理或更换油底壳。

3) 安装程序

(1) 清洁密封面。

(2)将约 3.5mm 厚的油底壳密封胶涂抹在连接处(图 7-26 箭头所示)。注意:装配时间(包括力矩检查)不得超过 10min。

(3)如图 7-27 所示,涂上一层约 3.5mm 厚的油底壳密封胶。

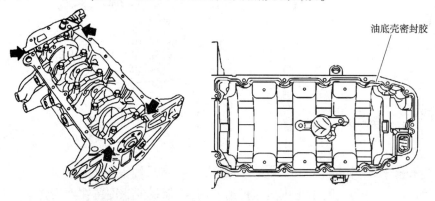

图 7-26　油底壳的安装(1)　　　图 7-27　油底壳的安装(2)

(4)将 15 个油底壳螺栓安装到油底壳上(图 7-24),并紧固至 10N·m。

(5)将 2 个油底壳螺栓安装到油底壳和变速器上(图 7-23),并紧固至 58N·m。

(6)安装前排气管(图 7-22)。注意:安装新螺栓,切勿重复使用旧螺栓。

(7)安装前舱防溅罩(图 7-21)。

(8)完全降下车辆。

(9)安装机油尺套管。

①安装机油尺导管(图 7-20)。

②安装新的机油尺套管衬垫。

③安装机油尺套管螺栓(图 7-20),并紧固至 15N·m。

④安装机油尺。

⑤关闭发动机舱盖。

(10)加注收集的发动机机油。

7.2.4　发动机前盖和机油泵的维修

1)拆卸程序

(1)打开发动机舱盖。

(2)断开蓄电池负极电缆。

(3)拆下排气歧管。

(4)排空冷却系统。

(5)拆卸空调压缩机。

(6)拆下发电机。

(7)拆下正时带后盖。

(8)拆下油底壳。

(9)将散热器出口软管从水泵上拆下。

(10) 如图 7-28 所示,拆下发动机机油冷却器进口管螺栓。

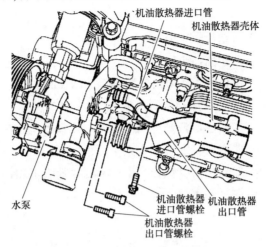

图 7-28　发动机前盖和机油泵的拆卸(1)

(11) 将发动机机油冷却器进口管推入发动机机油冷却器壳体中。

(12) 从水泵上拆下 2 个发动机机油冷却器出口管螺栓。

(13) 将发动机机油冷却器出口管按入发动机机油冷却器壳体中。

(14) 如图 7-29 所示,拆下 8 个螺栓。注意:不同的螺栓长度。

(15) 拆下带机油泵的发动机前盖。

(16) 拆下发动机盖衬垫。注意:不要损坏密封表面。

(17) 清洁密封面。

2) 机油泵的清洁和检查

(1) 将外转子和内转子一起拆下。

(2) 目视检查部件。

(3) 安装外转子和内转子。

(4) 如图 7-30 所示,检查转子的轴向间隙,以便控制单元壳体上边缘。允许的测量值为 0.02~0.058mm。

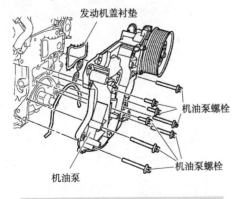

图 7-29　发动机前盖和机油泵的拆卸(2)

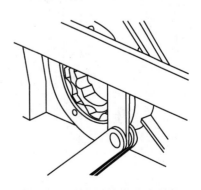

图 7-30　转子的轴向间隙的检查

3) 安装程序

(1) 清洁密封面。

(2) 安装新的发动机盖衬垫(图7-30)。

(3) 安装带机油泵的发动机盖(图7-30)。

(4) 安装8个发动机盖螺栓(图7-30),并紧固至20N·m。

(5) 将发动机机油冷却器出口管安装到水泵上(图7-29)。

(6) 安装发动机机油冷却器出口管螺栓(图7-29),并紧固至8N·m。

(7) 将发动机机油冷却器进口管安装到水泵上(图7-29)。

(8) 安装发动机机油冷却器进口管螺栓(图7-29),并紧固至8N·m。

(9) 将散热器出口软管安装到水泵上。

(10) 安装油底壳。

(11) 安装正时带后盖。

(12) 安装发电机。

(13) 安装空调压缩机。

(14) 安装排气歧管。

(15) 连接蓄电池负极电缆。

(16) 加注冷却系统。

(17) 关闭发动机舱盖。

复习思考题

1. 润滑系统的基本组成有哪些?各有何功用?
2. 机油的作用和分类方法是什么?
3. 转子式机油泵是如何工作的?
4. 如何检查机油液面高度?
5. 曲轴箱强制通风系统的组成和作用是什么?
6. 机油压力的测试方法是什么?

参 考 文 献

[1] 中国汽车维修行业协会.汽车发动机常见维修项目实训教材[M].北京:人民交通出版社,2009.
[2] 赖瑞海.引擎原理及实习[M].台北:全华图书股份有限公司,2008.
[3] 关文达.汽车构造[M].北京:机械工业出版社,2016.
[4] 吉林大学汽车工程系.汽车构造[M].北京:人民交通出版社,2006.
[5] 人民交通出版社汽车图书出版中心.汽车典型结构图册[M].北京:人民交通出版社,2008.

人民交通出版社汽车类高职教材部分书目

书号	书名	作者	定价（元）	出版时间	课件
一、全国交通运输职业教育教学指导委员会规划教材　新能源汽车运用与维修专业					
978-7-114-14405-9	新能源汽车储能装置与管理系统	钱锦武	23.00	2018.02	有
978-7-114-14402-8	新能源汽车高压安全及防护	官海兵	19.00	2018.02	有
978-7-114-14499-8	新能源汽车电子电力辅助系统	李丕毅	15.00	2018.03	有
978-7-114-14490-5	新能源汽车驱动电机与控制技术	张利、缑庆伟	28.00	2018.03	有
978-7-114-14465-3	新能源汽车维护与检测诊断	夏令伟	28.00	2018.03	有
978-7-114-14442-4	纯电动汽车结构与检修	侯涛	30.00	2018.03	有
978-7-114-14487-5	混合动力汽车结构与检修	朱学军	26.00	2018.03	有
二、高职汽车检测与维修技术专业立体化教材					
978-7-114-14826-2	汽车文化	贾东明、梅丽鸽	39.00	2018.08	有
978-7-114-14744-9	汽车维修服务实务	杨朝、李洪亮	22.00	2018.07	有
978-7-114-14808-8	汽车检测技术	李军、黄志永	29.00	2018.07	有
978-7-114-14777-7	旧机动车鉴定与评估	吴丹、吴飞	33.00	2018.07	有
978-7-114-14792-0	汽车底盘故障诊断与修复	侯红宾、缑庆伟	43.00	2018.07	有
978-7-114-13154-7	汽车保险与理赔	吴冬梅	32.00	2018.05	有
978-7-114-13155-4	汽车维护技术	蔺宏良、黄晓鹏	33.00	2018.05	有
978-7-114-14731-9	汽车电气故障诊断与修复	张光磊、周羽皓	45.00	2018.07	有
978-7-114-14765-4	汽车发动机故障诊断与修复	赵宏、刘新宇	45.00	2018.07	有
三、交通运输职业教育教学指导委员会推荐教材、高等职业教育规划教材					
1. 汽车运用与维修技术专业					
978-7-114-11263-8	■汽车电工与电子基础（第三版）	任成尧	46.00	2017.06	有
978-7-114-11218-8	■汽车机械基础（第三版）	凤勇	46.00	2018.05	有
978-7-114-11495-3	汽车发动机构造与维修（第三版）	汤定国、左适够	39.00	2018.05	有
978-7-114-11245-4	■汽车底盘构造与维修（第三版）	周林福	59.00	2018.05	有
978-7-114-11422-9	■汽车电气设备构造与维修（第三版）	周建平	59.00	2018.05	有
978-7-114-11216-4	■汽车典型电控系统构造与维修（第三版）	解福泉	45.00	2016.1	有
978-7-114-11580-6	汽车运用基础（第三版）	杨宏进	28.00	2018.03	有
978-7-114-11239-3	■汽车实用英语（第二版）	马林才	38.00	2018.08	有
978-7-114-05790-3	汽车及配件营销	陈文华	33.00	2015.08	
978-7-114-05690-7	汽车车损与定损	程玉光	30.00	2013.06	
978-7-114-13916-1	汽车专业资料检索（第二版）	张琴友	32.00	2017.08	
978-7-114-11215-7	■汽车文化（第三版）	屠卫星	48.00	2016.09	有
978-7-114-11349-9	■汽车维修业务管理（第三版）	鲍贤俊	27.00	2016.12	有
978-7-114-11238-6	■汽车故障诊断技术（第三版）	崔选盟	30.00	2017.11	有
978-7-114-14078-5	汽车维修技术（第二版）	刘振楼	25.00	2017.08	有
978-7-114-14098-3	汽车检测诊断技术（第二版）	官海兵	27.00	2017.09	有
978-7-114-14077-8	汽车运行材料（第二版）	崔选盟	25.00	2017.09	有
978-7-114-05662-1	汽车检测设备与维修	杨益明	26.00	2018.05	
978-7-114-13496-8	汽车单片机及局域网技术（第二版）	方文	20.00	2018.05	
978-7-114-05655-9	汽车车身电气及附属电气设备维修	郭远辉	26.00	2013.08	
978-7-114-10520-3	汽车概论	巩航军	29.00	2016.12	有
978-7-114-10722-1	发动机原理与汽车理论（第三版）	张西振	29.00	2017.08	有
978-7-114-10333-9	汽车维修企业管理（第三版）	沈树盛	36.00	2016.05	有
978-7-114-13831-7	汽车空调构造与维修（第二版）	杨柳青	30.00	2017.08	有
978-7-114-12421-1	汽车柴油机电控技术（第二版）	沈仲贤	26.00	2018.05	有
978-7-114-11428-1	汽车使用与技术管理（第二版）	雷琼红	33.00	2016.01	有
978-7-114-14091-4	汽车使用性能与检测技术（第二版）	巩航军	30.00	2017.09	有
978-7-114-11729-9	汽车保险与理赔（第四版）	梁军	32.00	2018.02	有

书号	书名	作者	定价（元）	出版时间	课件
978-7-114-14306-9	汽车装潢与美容技术（第二版）	全华科友	33.00	2018.05	有
2. 汽车营销与服务专业					
978-7-114-11217-1	■旧机动车鉴定与评估（第二版）	屠卫星	33.00	2018.05	有
978-7-114-14102-7	汽车保险与公估（第二版）	荆叶平	36.00	2017.09	有
978-7-114-08196-5	汽车备件管理	彭朝晖、倪红	22.00	2018.07	
978-7-114-11220-1	■汽车结构与拆装（第二版）	潘伟荣	59.00	2016.04	有
978-7-114-07952-8	汽车使用与维修	秦兴顺	40.00	2017.08	
978-7-114-08084-5	汽车维修服务	戚叔林、刘焰	23.00	2015.08	
978-7-114-11247-8	■汽车营销（第二版）	叶志斌	35.00	2018.03	有
978-7-114-11741-1	汽车使用与维护	王福忠	38.00	2018.05	有
978-7-114-14028-0	汽车保险与理赔（第二版）	陈文均、刘资媛	22.00	2017.08	有
978-7-114-14869-9	汽车维修服务接待（第2版）	王彦峰、杨柳青	28.00	2018.08	
978-7-114-14015-0	客户沟通技巧与投诉处理（第二版）	韦峰、罗双	24.00	2017.09	有
978-7-114-13667-2	服务礼仪（第二版）	刘建伟	24.00	2017.05	有
978-7-114-14438-7	汽车电子商务（第三版）	张露	29.00	2018.02	有
978-7-114-07593-3	汽车租赁	张一兵	26.00	2016.06	
3. 汽车车身维修技术专业					
978-7-114-11377-2	■汽车材料（第二版）	周燕	40.00	2016.04	有
978-7-114-12544-7	汽车钣金工艺	郭建明	22.00	2015.11	有
978-7-114-12311-5	汽车涂装技术（第二版）	陈纪民、李扬	33.00	2016.11	有
978-7-114-09094-3	汽车车身测量与校正	郭建明、李占峰	22.00	2018.05	有
978-7-114-11595-0	汽车车身焊接技术（第二版）	李远军、李建明	28.00	2018.03	有
978-7-114-13885-0	汽车车身修复技术（第二版）	韩星、陈勇	29.00	2017.08	有
978-7-114-09603-7	汽车车身构造与修复	李远军、陈建宏	38.00	2016.12	有
978-7-114-12143-2	车身结构及附属设备（第二版）	袁杰	27.00	2017.06	有
978-7-114-13363-3	汽车涂料调色技术	王亚平	25.00	2016.11	有
4. 汽车制造与装配技术专业					
978-7-114-12154-8	汽车装配与调试技术	刘敬忠	38.00	2018.06	
978-7-114-12734-2	车身焊接技术	宋金虎	39.00	2016.03	有
978-7-114-12794-6	汽车制造工艺	马志民	28.00	2016.04	有
978-7-114-12913-1	汽车AutoCAD	于宁、李敬辉	22.00	2016.06	有
四、新能源汽车技术专业职业教育创新规划教材					
978-7-114-13806-5	新能源汽车概论	吴晓斌、刘海峰	28.00	2018.08	有
978-7-114-13778-5	新能源汽车高压安全与防护	赵金国、李治国	30.00	2018.03	有
978-7-114-13813-3	新能源汽车动力电池与驱动电机	曾鑫、刘涛	39.00	2018.05	有
978-7-114-13822-5	新能源汽车电气技术	唐勇、王亮	35.00	2017.06	有
978-7-114-13814-0	新能源汽车维护与故障诊断	包科杰、徐利强	33.00	2018.05	有
五、职业院校潍柴博世校企合作项目教材					
978-7-114-14700-5	柴油机构造与维修	李清民、栾玉俊	39.00	2018.07	
978-7-114-14682-4	商用车底盘构造与维修	王林超、刘海峰	43.00	2018.07	
978-7-114-14709-8	商用车电气系统构造与维修	王林超、王玉刚	45.00	2018.07	
978-7-114-14852-1	柴油机电控管理系统	王文山、李秀峰	22.00	2018.08	
978-7-114-14761-6	商用车营销与服务	李景芝、王桂凤	40.00	2018.08	
六、高等职业教育汽车车身维修技术专业教材					
978-7-114-14720-3	汽车板件加工与结合工艺	王选、赵昌涛	20.00	2018.07	有
978-7-114-14711-1	轿车车身构造与维修	李金文、高窦平	21.00	2018.07	有
978-7-114-14726-5	汽车修补涂装技术	王成贵、贺利涛	22.00	2018.07	有
978-7-114-14727-2	汽车修补涂装调色与抛光技术	肖林、廖辉湘	32.00	2018.07	有

■为"十二五"职业教育国家规划教材。咨询电话：010-85285962、85285977；咨询QQ：616507284、99735898。